JEF VAN OEVELEN

SOCIAL CONTENT IN ARCHITECTURE
ARCHITECTUUR IN SOCIAAL PERSPECTIEF

stichting
kunstboek

CONTENT

INHOUD

PREFACE

"All the beauty of our profession is contained in the concepts of respect and honesty: towards people, a place, an environment, a programme, towards possibilities and constraints and materials and techniques.

The intrinsic laws of each of these, balanced within a complex simultaneity, determine the rules of the profession. For some of us, this is architecture."

architect Jef Van Oevelen

PROLOOG

"De heerlijkheid van ons vak heeft te maken met eerlijkheid en respect, met herkennen en erkennen, in een plek, een omgeving, mensen, bouwprogramma, in mogelijkheden, beperkingen, materialen en technieken.

De eigen wetmatigheden van elk van deze,
afgewogen in een complexe gelijktijdigheid,
bepalen de regels van dit vak.
Sommigen noemen dit architectuur."

architect Jef Van Oevelen

SOCIAL CONTENT

Pre-World War II, influential architects such as Le Corbusier, Gropius and Mies van der Rohe expressed modernism in the language of social change. These pioneers of innovation firmly believed that contemporary technologies would lead to healthier cities and more affordable housing. Projects, texts and conferences from the era reveal their interest, even obsession, with social evolution based on good architecture. By the end of the twentieth century, not much remained of this idealism.[1] Many of the expectations of modernism are unfulfilled to this day. After the Second World War, what was once a heroic position was increasingly interpreted as the failed aspirations of naive and arrogant missionaries. At the beginning of the 21st century, the case for social responsibility in architecture seems to be marginalised.

In his work, Jef Van Oevelen demonstrates how one can, as an individual architect, continue to play a role in the support, development and shaping of social engagement. His method of doing so is modest, constructive and undogmatic: although far from that of the modernist utopian, his modus operandi does provide a robust riposte to oppressive, rarely innovative and generally dull planning regulations.

The architect as coach for the process of engagement

Jef Van Oevelen systematically chooses to act as mediator for the development of a project. Naturally, in the first instance he is the architect and in this capacity his functions include that of inventive organiser, designer and expert. To this he adds the role of mediator, whether it concerns a contest of ideas, a preliminary design or the supervision of the actual realisation. He coaches during the process of transforming often unspoken expectations into desires, of formulating demands from what may have been taken for granted. This dialogue is conducted with the principal and, when not one and the same, the (future) user. In his role as coach, Jef Van Oevelen attaches great importance to query as a means to clarify, to meticulously unravel the determining factors. It is essential to involve the client and end-user in the analysis: only then can well-founded and constructive discussions be conducted about what needs to be provided, what needs to happen, and what must be respected and/or absolutely avoided. If the architect is to

establish clear aspirations for the project, then this engagement is vital. As the architect, Van Oevelen is involved in the many different phases of the development and refinement of a plan and is responsible for ensuring continuity. Dialogue takes the form of talks that are backed up by explanatory sketches and feedback is cyclical to ensure that logical steps are taken. The underlying principle is empathy for the situation (physical, social, intellectual and cultural). For the R house in Schoten, the lifestyle vision of the family was translated into a lightweight structure for the main volume with the separate rooms free from the exterior structure and treated as furniture. This is literally true for the two bedrooms: the walls are made from lightweight materials and can be removed when no longer needed. This Socratic method of working, which seems so natural for a home, is a less obvious choice when it comes to competitions and major public projects. The manner in which the complex vehicle and foot traffic in and around the Antwerp Gateway (Beveren) buildings was planned, however, shows that it is feasible. For the Stoktse Square (Turnhout) project too, dialogue with residents effectively became a design element in itself. During the planning of the polyclinic A (Antwerp), the architect-client interface resulted in a more comprehensive programme with a simplified development schedule: the highly inconvenient temporary rehousing that was initially planned as an unavoidable transitional stage was in fact obviated. Jef Van Oevelen demonstrates a reflective practice in his guiding of the commissioning process. He also shows a number of competencies in an undervalued architectural syntax and semantic. Building is the occasion for change: the client also needs to become one with the process.

The environment as social content

To a large extent, Jef Van Oevelen's social engagement is manifested in the meeting space, the place where the private and the pubic interface, or more accurately, merge. The placeability of individual access is not eschewed within this context but given a logical extension. This is particularly noticeable when it comes to collective housing, which is frequently a variety of forms and for diverse target groups, where the amount of focus on circulation and communication is evident from the very first sketches. In some designs, even the homes on the first floor are provided with their own street.

Het modernisme van voor de Tweede Wereldoorlog kenmerkte zich via invloedrijke architecten als Le Corbusier, Gropius en Mies van der Rohe in een taal die sociale verandering zou brengen. Deze gangmakers van de vernieuwing geloofden rotsvast dat eigentijdse technologieën zouden leiden naar gezonde steden en betaalbare woningen. Uit projecten, teksten en congressen blijkt hun interesse, ja zelfs obsessie voor maatschappelijke evolutie op basis van goede architectuur. Tegen het einde van de twintigste eeuw rest daarvan niet veel meer.[1] Nogal wat verwachtingen blijven onvervuld. Wat ooit een heldhaftig standpunt was, wordt na de Tweede Wereldoorlog steeds meer geïnterpreteerd als niet uitgekomen aspiraties van naïeve en aanmatigende missionarissen. Bij het begin van de 21ste eeuw lijkt het pleidooi voor maatschappelijke verantwoordelijkheid in de architectuur gemarginaliseerd.

In zijn oeuvre toont Jef Van Oevelen hoe je als individueel architect toch een rol kan blijven spelen in het ondersteunen, uitwerken en vorm geven van maatschappelijke betrokkenheid. De wijze waarop hij dit doet is bescheiden, constructief en zonder dogma's: ver van de modernistische utopist, maar ook weerwerk biedend aan beklemmende, weinig innoverende en doorgaans saaie stedenbouwkundige voorschriften.

De architect als coach van een proces van betrokkenheid

Jef Van Oevelen kiest er systematisch voor om in de totstandkoming van een project ook op te treden als mediator van het proces. Uiteraard is hij in de eerste plaats architect en vanuit die functie onder meer vernieuwend organisator, vormgever en deskundige. Ongeacht of het gaat om een ideeënwedstrijd, een voorontwerp of de begeleiding van een realisatie, voegt hij daar voor zichzelf de rol van bemiddelaar aan toe. Hij coacht bij de vertaling van - dikwijls onuitgesproken - verwachtingen naar wensen, bij de explicitering van vanzelfsprekendheden naar vragen. Gesprekspartners daarbij zijn de opdrachtgever en, waar verschillend, de (toekomstige) gebruiker. Voor die rol als coach hecht Jef Van Oevelen veel belang aan verhelderend bevragen, het minutieus ontrafelen van de bepalende elementen. Het betrekken van bouwheer en bestemmeling in de analyse is essentieel. Enkel zo kan het reflecteren over wat er moet worden voorzien, wat er dient te gebeuren, wat moet

gerespecteerd worden en/of wat absoluut te vermijden is, op een gefundeerde en constructieve manier verlopen. Dat engagement is een noodzaak voor de architect om de aspiraties voor het project duidelijk te stellen. Als architect is hij uiteraard betrokken bij de verschillende fases in de opbouw en uitwerking van een plan en kan hij de continuïteit garanderen. De dialoog verloopt in gesprekken, ondersteund door verhelderende schetsen. Geregeld terugkoppelen garandeert de cyclische feedback. Empathie voor wat er is (fysiek, sociaal, intellectueel, cultureel) is de basishouding.

Voor de woning R in Schoten werd de levensvisie van het gezin in het hoofdvolume vertaald in een lichte structuur waarin de gesloten ruimtes los van de buitengevel staan en als meubels worden behandeld. Voor de twee slaapkamers is dit letterlijk zo, de wanden zijn uitgevoerd in lichte materialen en kunnen op termijn verwijderd worden. Deze socratische werkwijze die voor de individuele woning bijna vanzelfsprekend lijkt, is minder voor de hand liggend bij wedstrijden en grote openbare projecten. De manier waarop de ingewikkelde verkeers- en mensenstromen binnen en rond de gebouwen van Antwerp Gateway (Beveren) tot stand kwamen, toont nochtans dat dit mogelijk is. En ook voor het Stoktse Plein in Turnhout is de dialoog met de bewoners effectief een vormgevend element geworden. Bij de uitwerking van polikliniek A (Antwerpen) ontstond uit de interactiviteit architect-opdrachtgever een meer uitgebreid programma in een eenvoudiger uitwerkingsschema: de omslachtige tussentijdse verhuis die oorspronkelijk ingepland was als noodzakelijke overgangssituatie, kon vermeden worden. Jef Van Oevelen demonstreert een reflectieve praktijk in het begeleiden van het opdrachtgeverschap. Daarmee toont hij een aantal competenties in een ondergewaardeerde syntaxis en semantiek. Bouwen is aanleiding tot verandering: ook de opdrachtgever moet hier mee in vergroeien.

De omgeving als 'social content'

Het beklemtonen van de sociale betrokkenheid gebeurt bij Jef Van Oevelen in belangrijke mate op het niveau van de ontmoetingsruimte, de plek waar publiek en privaat mekaar raken, of juister, in mekaar overgaan. De herkenbaarheid van de individuele toegang wordt daarin niet geschuwd maar krijgt tegelijkertijd een logische verlenging. In het bijzonder bij de gegroepeerde woningen, niet

Furthermore, there is the recurring public square element. Sometimes this appears as modest interior patios that form an attractive light and space feature, such as for the Red Cross medical post in the port of Antwerp. In other projects, Van Oevelen designs small town squares - for example, Gasketelplein in Schoten - that add real value for residents and pedestrians alike.

A more enclosed square, such as for the Centre project in Brasschaat, provides surprising new views of the area. This is characteristic of Jef Van Oevelen: he establishes important connections. The most obvious of these are the walkable connections: an approach or path to an area at the back or direct access from a care facility to a cafeteria. Then there are the metaphysical connections. When the Convent van Bethlehem in Duffel was renovated, new paths were created with three rest areas in the form of courtyards, each with a different atmosphere. Environments become the bearers of a societally inspired engagement and meaning.

The large number of commissions from the social sector indicates the success of the intended interactions. There is an embedded empathy in the architecture of the schools and care facilities that contributes to the experience. This element is well balanced, subtle, unassuming and reflected in the big picture and in the finer details. The user can project his or her identity on to the building. The structure proves to be the foundation for human functioning.

Small steps for a greater goal

An important aspect of an architecture project is the bridging of any imbalances between, for example, the client, end-user, programme and technology. That Jef Van Oevelen chooses to work within a socially-inspired architecture is demonstrated at the level of scale, the dimensions in which he functions. His participative observations and analyses start at a manageable size, on a human scale. A focus on vulnerability, spontaneous encounters, invitations to interpersonal contacts, places to relax and adaptability: these are elements that need a small-to-large design process. This is about limited interventions with wide effects. Besides the 'if - then', the architect uses the 'then - also' and the 'maybe - even', without a hierarchy and without an imperative.

Is Jef Van Oevelen acting from an academic point of view? Is it his professional discipline that takes him down this road? Does the process of social change support a goal? And what particular social change would that be? The answers lie in the architectural choice to stimulate, not to determine: in characterisation as a positive alternative to modification.

The selection

The extensive oeuvre of Jef Van Oevelen demands minimal examination in order to be legible. Chronology would seem to be significant - there is a demonstrable consecutivity to the projects - but should not be the primary measurement. A division according to genres or typologies would detract from the many cross-fertilisations: experiments in commercial premises offer solutions for individual homes. Another method would appear to be appropriate. Two rounds of in-depth readings of over two hundred files resulted in a collection of some forty projects that were either musts, wants or possibles for this publication. These were embodied in a list of some fifty typifying words that emerged from the associated argumentation and from spontaneous associations. The priority was to isolate the most powerful typologies. The objective was to make a selection that would properly elucidate the breadth and strength of Jef Van Oevelen's architectural practice. In a following stage, these terms were arranged, rearranged, combined and resolved into ten angles. The correct place for each project was sought using a large array of words and images. The internal logic of a project often clashed with the logic of the words, so that great care went into the selection, the reconfiguring and the combining of projects. In the end, six categories organised as six chapters remained. This created a manageable structure that allowed an examination of specific aspects of Jef Van Oevelen's work.

From inference of these six methods of approach, fifty projects could be singled out for incorporation in the book. In fact, the categories are merely food for discussion and not binding: they should not lead to an inadequate perspective on the architectural work of Jef Van Oevelen. No category stands alone: a project is never simply 'sensing the scale' or 'skeleton and skin'. The descriptions serve to highlight the multiplicity of approaches, interpretations and readings of the works. The categories are also completely lacking in a hierarchy.

Finally, the classification is also irrelevant to the underlying theme of this publication, specifically the architect's social perspective.

[1] Quillian RIANO (2012).

Relearning the Social. Architecture and Change.

zelden in een mix van vormen en doelpubliek, blijkt al uit de eerste schetsen hoeveel aandacht aan de circulatie en communicatie wordt besteed. Op verschillende plaatsen krijgen ook de woningen op de verdiepingen hun eigen straat.

Het aspect plein is daarenboven prominent aanwezig. Soms gaat het om bescheiden binnenpatio's waar licht en ruimte een attractief element vormen, zoals voor de Rode Kruispost in de Antwerpse haven. Elders ontwikkelt hij kleine stadspleinen die zowel voor bewoners als passanten een duidelijke meerwaarde hebben, bijvoorbeeld het Gasketelplein in Schoten.

Een meer gesloten binnenplein, zoals in het Centrumproject in Brasschaat, krijgt verrassende doorzichten naar de omgeving. Dit typeert Jef Van Oevelen: hij creëert in belangrijke mate verbindingen. Meest voor de hand liggend zijn de bewandelbare verbindingen: een doorgang of pad naar een achterliggend gebied of een directe toegang van zorgvoorziening naar cafetaria. Daarnaast zijn er toegevoegde spirituele verbindingen. Bij de renovatie van het klooster van het Convent van Bethlehem in Duffel werden nieuwe looproutes gerealiseerd met drie rustpunten onder de vorm van telkens een andere sfeerrijke binnentuin. Omgevingen worden drager van engagement, krijgen een sociaal geïnspireerde zingeving.

Het grote aantal opdrachten binnen de zorgsector wijst op het slagen van die beoogde wisselwerkingen. De architectuur van de scholen en verzorgingsinstellingen draagt bij tot de beleving, net door die ingebouwde empathie. Dit gebeurt afgewogen, subtiel, bescheiden, met aandacht voor de grote lijn èn voor het detail. De gebruiker kan zijn identiteit projecteren op het gebouw. Het bouwwerk toont zich drager van het menselijk functioneren.

Kleine stappen voor het hogere doel

Een belangrijk aandeel van een architectuuropdracht is het overbruggen van mogelijke onevenwichten, bijvoorbeeld tussen opdrachtgever, bestemmeling, programma en technologie. De keuze voor een sociaal geïnspireerde architectuur toont zich dan afleesbaar op het vlak van de schaal, de maat waarin Jef Van Oevelen werkt. Zijn participatieve observatie en analyse start op een behapbare omvang, op schaal van de mens. Oog voor kwetsbaarheid, spontaan ontmoeten, uitnodigingen tot intermenselijke contacten, rustplekken en aanpasbaarheid: het zijn elementen die vooral gedijen vanuit het kleinere naar het grote. Beperkte ingrepen met brede effecten, zou je het kunnen noemen. Naast het 'als-dan' voorziet de architect het 'dan-ook' en het 'misschien-zelfs'. Zonder hiërarchie, zonder dwingend karakter.

Handelt Jef Van Oevelen hierin vanuit een academische discipline? Is het zijn professionele oriëntatie die hem langs deze wegen leidt? Ondersteunt het proces van sociale verandering een doel? En welke sociale verandering zou dat dan kunnen zijn? De antwoorden hierop liggen in de architecturale keuze om te stimuleren, niet om te bepalen. In het karakteriseren als positief alternatief voor modificeren.

De selectie

Het omvangrijke oeuvre van Jef Van Oevelen vraagt een minimum aan ordening om leesbaar bijeengebracht te kunnen worden. Chronologie lijkt daarbij niet onbelangrijk, er zit een aanwijsbare consecutiviteit in de projecten, maar wel van tweede orde. Een opdeling vanuit genres of typologie zou afbreuk doen aan de vele kruisbestuivingen: experimenteren in bedrijfsgebouwen biedt oplossingen voor individuele woningbouw. Een andere methode leek aangewezen.

Via twee grondige lezingen van meer dan tweehonderd dossiers werd een verzameling gemaakt van de projecten die noodzakelijk, wenselijk of mogelijk in deze publicatie thuis horen. Dat waren een veertigtal 'musts' en ongeveer evenveel 'wants' en 'possibles'. Op basis van de daarbij gehanteerde argumentatie en spontane associaties, werd een lijst van een vijftigtal kenschetsende woorden, bijeen gebracht. Voorop stond daarbij het aanduiden van de krachtigste typeringen. Het doel was immers een selectie te maken die de breedheid en sterkte van de architectuurpraktijk van Jef Van Oevelen evenwichtig belicht. In een volgende oefening werden deze termen geordend, herordend, gecombineerd en herleid tot tien invalshoeken. In een grote matrix van beelden en woorden werd voor de projecten de juiste plek gezocht. De logica van projecten botste nogal eens met de logica van de woorden. Daarom werd er zorgvuldig gekozen, verplaatst en gecombineerd. Uiteindelijk bleven er zes categorieën over die in evenveel 'hoofdstukken, verder in het boek aan bod komen. Zo ontstond er een hanteerbare structuur met de kans om op specifieke aspecten van het oeuvre van Jef Van Oevelen in te gaan.

Vanuit de deductie van deze zes benaderingswijzen konden een vijftigtal projecten gegroepeerd in dit boek opgenomen worden. Uiteraard is deze ordening voer voor discussie, niet bindend en mag ze vooral geen aanleiding zijn tot een te beperkte benadering van het architecturaal werk van Jef Van Oevelen. Geen enkele categorie staat op zich. Een project is nooit alleen maar 'aftasten van de schaal' of 'skelet en huid'. De beschrijvingen beklemtonen de veelheid aan benaderingen, interpretaties en lezingen van de werken. Evenmin hebben de categorieën onderling een hiërarchie. Tenslotte doet het catalogiseren ook geen afbreuk aan de onderstroom van deze publicatie, de rode draad, met name het sociale perspectief dat door de architect wordt gehanteerd.

van binnen naar buiten
from inside to outside

skelet en huid
skeleton and skin

1981   1982   1983   1984   1985   1986   1987   1988   1989   1990   1991   1992   1993   1994   1995   1996   1997

het zoeken herdefiniëren tot vinden
searching redefined as finding

aftasten van de schaal
sensing the scale

dialoog met de openbare ruimte
dialogue with the public space

meticuleus inpassen
meticulous integration

1999 2000 2001 2002 2003 2004 2005 2006 2007 2008 2009 2010 2011 2012 2013 2014 2015

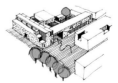

FROM INSIDE TO OUTSIDE

1

For Jef Van Oevelen, considerations such as programme, materials, circulation and light are the drivers for the organic growth of a design. The rapport between the various component parts, their integration into a dynamic plan, the way communications are organised and the potential to enmesh the interior with the exterior are all, therefore, paramount. This is also tackled three-dimensionally in the design (double heights, walkways, etc.), leading to structurally divergent planning solutions that are not infrequently substantively defined. It would appear that contextual questions regularly become shaping elements.

Design is also a study of boundaries and the static generated between them. A univocal answer to a question is formulated with the assurance that there are several possible answers. This makes architecture exciting and ensures that an architect keeps seeking more beautiful, precise and balanced responses.

The circulation straight through House R in Schoten, which evolved into a building element, is conceived as a manifestation of the occupants' lifestyle vision: open, light and with minimal fixed structures. The subtle perceptions of privacy and shared space was the object of a successful experiment. In-built adaptability over time - the children's bedrooms can be removed - makes this even more special. Design lessons from the Dutch architect and teacher Herman Hertzberger (1932) regarding the private and the collective are here given an attractive application.

Once again, in the design for the residential care centres in Kalmthout and Kasterlee, Jef Van Oevelen plays off the tensions between spaces aimed at individuals and those with a group function. These discrepancies in both approach and desired experience were meticulously and cautiously composed, including in the employment of transition zones. The architecture suggests the degree of accessibility. The designer starts by asking 'who' questions: to whom will this space be available, who will use it, who will take care of it? At the same time, there are the 'how' questions: how will the space be made accessible, how will it be used, how will it evolve over time? Naturally, the answers will be different in Kasterlee and Kalmthout.

Transition and not contrast is the norm for the design processes described here. The Typical area where divergent elements are connected with the aid of a transitional space is the entrance hall, whether of a house or of a large complex. Inside versus outside is validated by the transition from inside to outside and vice versa. From the doorstep, you can still hear what is happening inside; through the open door you can observe the life on the street. House J in Hove approaches this concept as does the use of coloured access volumes for the classrooms in Schilde. The sliding glazed wall of the latter is a totally other form of transitional zone.

With House DW in Deurne this exercise is perfected in the successful incorporation of a unique entryway into a neighbourhood of terraced houses. This entrance is a place to meet, a zone between two mutually exclusive areas. The street level continues into the porch and through the front door into the spaces beyond. The street and its extension form the stage for exchanging greetings and goodbyes.

Light as a design element is a guiding principle for the design of the sanitary block at the open air school in Schilde. This is both volumatic (the mimicked sawtooth roofs provide space for the glass) and experiential (the light is widely dispersed in the interior). Besides the importance of light, an essential design element of the classrooms is their transparency within the surroundings. Villa M-DB in Brasschaat pulls in the light and the wooded countryside. This method is used in the design of House VG in Dworp to implicate the significant level differences of the plot and the green valley in the architecture.

Thema's als programma, materialen, circulatie en licht sturen de organische groei doorheen het ontwerpproces bij Jef Van Oevelen. De afstemming van de verschillende onderdelen op elkaar, de inpassing in een boeiend plan, de wijze waarop daarbinnen de communicatie wordt georganiseerd en de mogelijkheden om buiten en binnen op mekaar te betrekken, staan dan voorop. In het ontwerp wordt dit ook driedimensionaal meegenomen (dubbele hoogtes, passerellen…). Dit leidt tot structureel verschillende planoplossingen. Die zijn niet zelden ook inhoudelijk bepaald. Contextuele vragen blijken geregeld vormgevende elementen te worden.

Ontwerpen is bij Jef Van Oevelen ook een onderzoek naar grenzen en naar het evenwicht ertussen. Er wordt een éénduidig antwoord op een vraag geformuleerd met de zekerheid dat er meerdere antwoorden mogelijk zijn. Dat maakt architectuur boeiend, dat maakt dat een architect blijft zoeken naar mooiere en betere, juistere en meer evenwichtige antwoorden.

De tot bouwelement geëvolueerde circulatie, dwars door de woning R te Schoten, is geconcipieerd als de vorm voor de uitgesproken levensvisie van de bewoners: open, licht en met zo weinig mogelijk vaste structuren. Er is geslaagd geëxperimenteerd met de subtiele ervaring van privacy en gedeelde ruimte. De aanpasbaarheid in de tijd – de kinderslaapkamers kunnen verwijderd worden – maakt dit nog meer bijzonder. De ontwerplessen in architectuur van de Nederlandse architect en docent Herman Hertzberger (1932) m.b.t. het private en het collectieve krijgen een mooie toepassing.
Ook in het ontwerp voor de woonzorgcentra in Kalmthout en Kasterlee speelt Jef Van Oevelen de fijngevoeligheid uit tussen plekken met een meer individu-gericht opzet en plaatsen met een groepsfunctie. De verschillen in aanpak en beoogde ervaring worden voorzichtig en met mondjesmaat opgebouwd, overgangszones zijn daarvoor essentieel. De architectuur insinueert de graad van toegankelijkheid. De vragen van de ontwerper zijn enerzijds wie-vragen: voor wie wil deze ruimte open staan, wie gaat er gebruik van maken, wie gaat er zorg voor dragen. Daarnaast stelt hij parallel ook de bijhorende hoe-vragen: hoe gaat de plek toegankelijk zijn, hoe gaat ze gebruikt worden, hoe gaat ze evolueren. Uiteraard zijn de antwoorden in Kasterlee anders dan in Kalmthout.

Bij de hier beschreven ontwerpprocessen is niet de tegenstelling de norm, maar wel de overgang. Een typische plek om divergerende elementen te verbinden met behulp van een overgang, is de toegang van een woning of groter complex. Het binnen versus buiten krijgt dan hier betekenis in de transitie van binnen naar buiten en vice versa. Op de stoep hoor je nog bij wat er binnen gebeurt; in de deuropening verken je het leven buiten. De woning J te Hove bevat hiervan een aanzet en ook de gekleurde toegangsvolumes van de schoolklassen in Schilde functioneren aldus. De openschuifbare vensterwand ervan is dan weer een totaal andere vorm van overgangszone.
In de woning DW te Deurne is deze oefening geperfectioneerd en uitermate geslaagd geïncorporeerd in een gebied met gesloten bebouwing. De toegang in zijn volledigheid is een plek voor ontmoeting, een zone tussen twee gebieden van een verschillende orde. Het straatniveau loopt door onder de luifel en via de voordeur tot de achterliggende ruimtes. De straat en haar verlengde vormen de scene voor uitwisseling van verwelkoming en vaarwel: het zogenaamde in-between.

Licht als vormgevend element is een belangrijke leidraad bij het ontwerp van het sanitair voor de openluchtschool te Schilde. Dit gebeurt zowel volumematig (de gespiegelde sheddaken moeten ruimte bieden aan de glaspartijen) als naar ervaring (het licht wordt breed in de ruimte verstrooid). Behalve het belang van licht bevatten de klassen van dezelfde school ook het aspect doorkijk en transparantie naar de omgeving als essentieel ontwerpelement. De villa M-DB te Brasschaat haalt samen met het licht ook de beboste omgeving binnen. Voor de woning VG te Dworp worden met deze werkwijze ook de grote niveauverschillen en de groene vallei in en met de architectuur betrokken.

WONING R / HOUSE R

Grote Singel, Schoten
1987-1988

This house for a family with three children is situated in the green, densely forested Schotenhof district, north of Antwerp. The detached house has two floors, of which the upper one is very small. The curved volume of this floor functions as a lookout point and beacon. The clean approach, without a visual boundary between the street and the private land, and the blue stone of the facade combine to give the building the allure of a pavilion. The circulation, starting from the road, runs from north to south, obliquely and straight through the house and surroundings, from the rather closed street elevation to the open-work rear facade and on into the garden, from outside to inside and back to outside, through dark, light, open and closed spaces. One enters through an angled closed-plan volume with garage, storage space, entrance and cloakroom. The garage door is thus invisible from the road and connected to the main volume by means of a narrow corridor.

For the main building, the family's lifestyle vision is interpreted as a light structure within which the closed spaces are separate from the outer walls and can be treated as furniture. The two bedrooms are especially transient with lightweight walls that can be removed. The small space on the first floor is connected to the rest of the volume by a curved atrium.

The purism and 'promenade architecturale' (Le Corbusier) of the house reflects the influence of internship mentor Georges Baines (1925-2013) and with him the theory of the Manifesto of the New York Five, which Jef Van Oevelen became familiar with when he studied in the United States. The manifesto references the purity of form of aesthetic modernism, as seen in the work of Le Corbusier (1887-1965) in the period 1920-1930.

Deze woning voor een gezin met drie kinderen ligt in de groene, dichtbeboste wijk Schotenhof, ten noorden van Antwerpen. De vrijstaande woning heeft twee bouwlagen waarvan de bovenste erg klein is. Door het ronde volume ervan fungeert het als uitkijk en baken voor de omgeving. De zuivere benadering zonder visuele begrenzing tussen straat en privé en het gevelmateriaal van blauwe hardsteen geven de woning de allure van een paviljoen. De circulatie die start van op de straat loopt, van noord naar zuid, schuin en dwars door de woning en omgeving, van de eerder gesloten gevel aan de straatzijde tot de opengewerkte achtergevel en verder in de tuin, van buiten naar binnen en terug naar buiten, door donkere, lichte, open en gesloten ruimtes. Men komt binnen langs een schuin geplaatst gesloten volume met garage, berging, toegang en vestiaire. Hierdoor is de garagepoort niet zichtbaar vanaf de straat en worden deze ruimtes via een smalle gang verbonden met het hoofdvolume.

De levensvisie van het gezin wordt in het hoofdvolume vertaald in een lichte structuur waarin de gesloten ruimtes los van de buitengevel staan en als meubels worden behandeld. Voor de twee slaapkamers is dit letterlijk zo, de wanden zijn uitgevoerd in lichte materialen en kunnen op termijn verwijderd worden. De kleine ruimte op de verdieping is met dit geheel verbonden via een ronde vide.

Het purisme en de 'promenade architecturale' van de woning toont de invloed van stagemeester Georges Baines (1925-2013) en met hem de theorie van het 'Manifest van de New York Five' dat Jef Van Oevelen leerde kennen op studiereis in Amerika. Dit manifest refereert naar de pure vorm van het esthetisch modernisme zoals in het werk van Le Corbusier (1887-1965) in de periode 1920-1930.

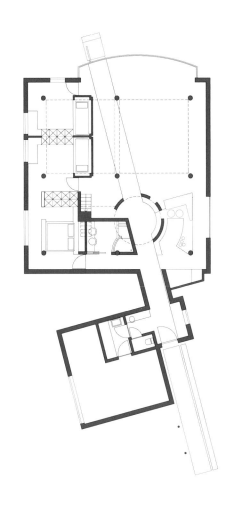

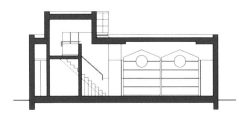

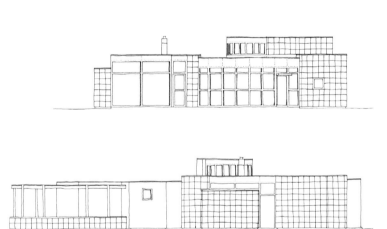

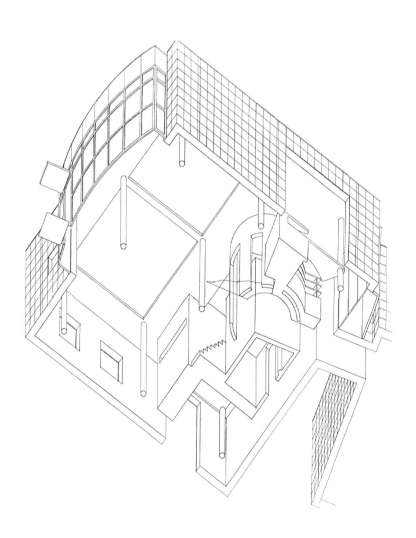

**WONING J /
HOUSE J**

Magdalena Vermeeschlaan, Hove
1992-1996

The detached house for a family with three children is built in a typical mid 60s development in the Antwerp area. The plot has a poor orientation with the south on the street side. This led to a number of deliberate design choices. The ground floor of the house is kept closed on the street front with a carport and storeroom. The open space of the carport raises the volume off the ground and the rear garden can be glimpsed through it. The side of the entrance is the only cut-away element of the facade. This is indicated by removing part of the ground floor volume and the layout of the front garden. One is instantly sheltered and deeper within the building, which connects the entrance with the vertical circulation. There is a second living room on the first floor that brings abundant light into the home through its southern exposure. The adjoining terrace with high walls to ensure privacy is a pleasant outdoor room. The double-height dining area affords the second living room a view of the back garden.

The sloping roof to the rear of the house allows the front elevation to have a pure cubiform design. The block-like elements are closed with only the bay window of the workspace as a feature. The design is finished with a consistent use of natural materials: red brick with anodised aluminium joinery; floors and stairs in sanded blue stone on the ground floor; floors and stairs in wood on the first floor and linoleum on the top floor.

De vrijstaande woning voor een gezin met drie kinderen wordt gebouwd in een typische verkaveling, rond het Antwerpse ontwikkeld midden jaren '60. Het terrein heeft een moeilijke oriëntatie met het zuiden aan de straatzijde. Dit heeft tot een aantal bewuste ontwerpkeuzes geleid. De woning is op het gelijkvloers langs de straatzijde gesloten gehouden met carport en berging. De open ruimte van de carport tilt het volume van de grond en er is een doorkijk naar de achtertuin. In de voorgevel wordt alleen de zijde van de toegang open gewerkt. Die wordt aangegeven door een deel van het volume op het gelijkvloers weg te nemen en ook door de aanleg van de voortuin. Op die manier komt men beschut en dieper binnen in de woning zodat de ingang ook direct bij de verticale circulatie aansluit. Op de verdieping is er een tweede leefruimte die door de zuidoriëntatie veel licht in de woning brengt. Het aanpalende terras waarvan de hoog opgetrokken muren zorgen voor privacy wordt hierdoor een aangename buitenkamer. Door de dubbelhoge eetruimte krijgt de tweede leefruimte eveneens zicht op de achtertuin.

Door het schuine dakvlak aan de achtergevel van de woning, heeft de voorgevel een overtuigend kubische vormgeving. De blokvormige volumes zijn gesloten met alleen de erker van de werkruimte als accent. Het geheel is verder uitgewerkt met een consequent gebruik van natuurlijke materialen: rode baksteen met schrijnwerk in geanodiseerd aluminium, op het gelijkvloers vloeren en trap in geschuurde blauwe hardsteen, op de verdieping vloeren en trap in hout en linoleum op de bovenste verdieping.

WONING DW /
HOUSE DW

Borsbeeksesteenweg, Deurne
1995-1997

The (north-facing) front elevation of the house is closed; the (south-facing) rear elevation is completely cut away with glazed sections. A carport (providing shelter), a rounded form and a slanting wall lead you to the front door of the house, deep in the volume.

The carport, office, storage and den are situated on the ground floor. The den can be converted into two bedrooms. A small shower room is located here for this purpose. Living room and kitchen are located on the first floor. On the top floor there is the master bedroom and a spacious terrace.

The first floor is accessed by way of a free-standing spiral staircase in the atrium (Le Corbusier, Guiette House, 1926) and a straight flight of stairs at the back of the building. The separate movement of each staircase together with the fact that the spaces are entered in a different way provides a specific experience. Light reaches the depths of the house due to the clever use of double-height spaces and walkways and by the central atrium on the first floor.

The work of Georges Baines and more specifically the Braunschweig house (1975-1977) was an inspiration for this building. Furthermore, the 'promenade architecturale' - the play of light and space - is even more distilled.

De voorgevel (noord) van de woning is gesloten; de achtergevel (zuid) werd volledig open gewerkt met grote raampartijen. Een carport (om beschut binnen te komen) en de ronde vorm en schuine muur begeleiden je naar de voordeur van de woning, diep in het volume.

Op het gelijkvloers zijn autobergplaats, bureau, berging en hobbyruimte geplaatst. De hobbyruimte kan omgebouwd worden tot twee slaapkamers. Daarom is er vlakbij ook een kleine doucheruimte. Leefruimte en keuken bevinden zich op de tweede verdieping. Op de bovenste verdieping zijn er de slaapkamer van de ouders en een ruim zonneterras.

Zowel een spiltrap, die tussen de eerste en tweede verdieping vrij in de patio staat (Le Corbusier, woning Guiette, 1926), als een rechte steektrap achteraan in de woning, brengen je naar de eerste verdieping. De verschillende beweging van beide trappen samen met het feit dat je de ruimtes op een andere manier betreedt,zorgen voor een andere beleving. Door slim gebruik van dubbelhoge ruimtes en passerelles, en door de centrale patio op de eerste verdieping wordt er licht tot beneden in de woning gebracht.

Het werk van Georges Baines en meer specifiek de woning Braunschweig (1975-1977) is voor deze woning een inspiratie geweest. Daarenboven is de wandeling door de woning (promenade architecturale), het spel van ruimtes en licht nog verder uitgepuurd.

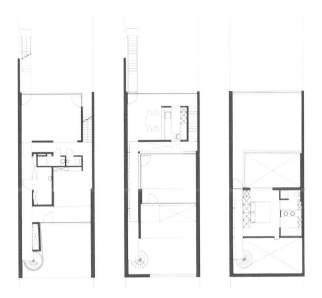

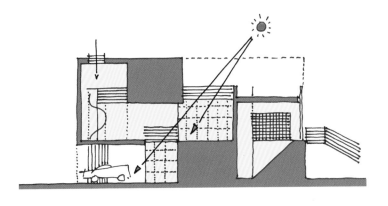

The privilege of an eleven-year collaboration:

in addition to being trained,

one had what was really an upbringing 'in the trade'.

Personal points of view took shape here:

through discussion, drawings and execution.

Viewpoints that were at times similar, often consciously deviating.

This includes clear and compact analyses, formulations and arguments;

an understanding of materials and an attention to detail

that never loses sight of the whole.

One's own position with regards to the profession is formed here:

the attitude to the assignment, the client and the contractor;

the ability to approach each new project with the same enthusiasm

as one had for the first but with the experience gained from all the foregoing.

Patience.

Jo Ardies - architect, former collaborator

Het voorrecht van elf jaar samenwerken:

naast een opleiding vooral ook een opvoeding 'in het vak'.

De eigen standpunten kregen hier vorm:

in het gesprek, in de tekening en in de uitvoering.

Soms gelijklopend, dikwijls ook bewust afwijkend.

Hierin helder en compact analyseren, formuleren en argumenteren.

Het inzicht in materialen en de aandacht voor het detail

met het overzicht van de totaliteit.

De eigen positie binnen het beroep is hier gevormd:

de houding ten opzichte van opdracht, opdrachtgever en aannemer.

De aanpak van elke nieuwe opdracht met het enthousiasme

als was het de eerste, maar met de ervaring van al de voorgaande.

Het geduld.

Jo Ardies - architect, ex-medewerker

SANITAIR LAGERE SCHOOL / ELEMENTARY SCHOOL SANITARY UNIT

Heidedreef, Schilde
2001-2003

The project is simple and has a functional purpose: to design a pupils' sanitary block that meets the needs of an elementary school. But the architect approached it from the perspective of the importance of the small block and devised an unusual response. The toilet facilities are the most accessed location of the school and therefore deserve more than a banal solution.

The building was planned as an additional design element for the playground that would also serve to close it in. The facades are completely sealed with only the central entrance hall - that accesses respectively the girls and the boys toilets - providing some articulation. An unexpected upper volume provides a playful aspect to the sanitary block. The roof form refers to the dimensions of the classrooms arranged around the open area and increases the block's identity. Furthermore, the butterfly shape is functional for ventilation and lighting: daylight streams through the tall windows on the ends.

The interior is rather austere, appears airy and yet offers the seclusion that one would expect from sanitary facilities. The decor is very simple but functional. There is a clear separation between boys and girls facilities combined with an easily accessible toilet for the disabled.

De opdracht is eenvoudig en heeft een functioneel doel: het ontwerpen van leerlingensanitair aansluitend bij de speelruimte van een lagere school. De architect werkt een niet voor de hand liggende vormgeving uit die vertrekt vanuit het belang dat het beperkte blok heeft. Het sanitair is de meest betreden locatie van de school en verdient daarom meer dan een banale oplossing.

Het gebouwtje staat ingepland als een bijkomend vormgevend element voor de speelruimte en sluit die ook mee af. De gevels zijn volledig gesloten en enkel de centrale toegangshal naar respectievelijk de jongens- en meisjestoiletten brengt enige articulatie. De speelsheid van het sanitair wordt opgeroepen door het onverwachte bovenvolume. Die dakvorm refereert naar het gabarit van de klaslokalen rond de open plaats en geeft het sanitair extra herkenbaarheid. De vlindervorm is daarenboven functioneel voor verluchting en verlichting: het daglicht stroomt overvloedig binnen langs de hoge ramen op de kopse zijden.

De binnenruimte is eerder strak, oogt luchtig en biedt toch de beslotenheid die men van een sanitair blok mag verwachten. De inrichting is zeer eenvoudig maar functioneel. Er wordt een duidelijke scheiding tussen jongens en meisjes uitgewerkt, gecombineerd met een makkelijk toegankelijk toilet voor mindervaliden.

RUST- EN ZORGCENTRUM SV /
REST AND CARE HOME SV

Kapellensteenweg, Kalmthout
2002-heden

The Sint-Vincentius retirement home in the centre of Kalmthout was founded in 1911. Over 100 years later, it has become a large residential care home with a 'care boulevard' comprising a number of private care sector institutions: a health insurance broker, home care office and a home nursing service. In 2001, Jef Van Oevelen was commissioned as the result of a competition to remodel all the existing buildings. Following the construction of some new buildings, the old part is being gradually demolished to make way for additional modern development. Eventually, the existing surface area will be almost doubled.

Services centres, cafeterias, multipurpose rooms, the home care office and offices for external care sector partners are situated around a first patio. Together, these form the 'Vincentius Square'. It is an exemplary public space that explicitly welcomes both residents and visitors. The entrances to nursing home, day care centre and assisted living flats also give on to this square so that an accessible whole is obtained. The services centres together with hairdressers, a physiotherapist, cafeterias and so forth bring a touch of the high street to the courtyard. A mix of activities provides a social fabric, a relationship density and a high degree of involvement for both residents and visitors. The assisted living flats are all grouped around this courtyard.
A second green courtyard is planned for the centre of the retirement home section.

Het rusthuis Sint-Vincentius in het centrum van Kalmthout werd in 1911 opgericht. Ruim 100 jaar later is het een groot woon- en zorgcentrum met een 'woonzorgboulevard' waarin een aantal private instanties uit de zorgsector zijn opgenomen: ziekenfonds, thuiszorgwinkel en dienst voor thuisverpleging. Jef Van Oevelen verwierf in 2001 via een wedstrijd de opdracht om de bestaande gebouwen volledig te vernieuwen. Na een gedeelte nieuwbouw wordt het oude gedeelte geleidelijk afgebroken en vervangen door meer nieuwbouw. Uiteindelijk zal het bestaande vloeroppervlak bijna verdubbeld worden.

Rondom een eerste patio worden dienstencentrum, cafetaria, polyvalente lokalen, de thuiszorgwinkel en de kantoren voor de externe partners uit de zorgsector samengebracht. Samen vormen ze het 'Vincentiusplein'.
Het is een publieke ruimte bij uitstek en is een duidelijke uitnodiging voor bewoners en bezoekers. Ook de toegangen tot rusthuis, dagverzorgingscentrum en serviceflats geven uit op dit plein, zo gesitueerd dat een laagdrempelig geheel bekomen wordt. Het dienstencentrum samen met kapsalon, kine, cafetaria... zorgen ervoor dat het binnenplein een stukje stad wordt. Een mengeling van activiteiten resulteert in een maatschappelijke invulling, een densiteit van relaties en een hoge graad van betrokkenheid, zowel van bewoners als bezoekers. De serviceflats groeperen zich volledig rond deze binnenplaats.

In het centrum van het rusthuisgedeelte is een tweede groene binnentuin gepland.

Gezien de grote omvang van het totale complex, werd er gezocht naar een transparante compactheid die de woon- en groenomgeving minimaal belast. De bestaande lay-out van de gebouwen op het terrein maakt van het bestaande hoofdgebouw een ideale ruggengraat voor het nieuwe geheel. Rechts van die as is er het rusthuisgedeelte met op de gelijkvloerse verdieping de afdeling voor de demente bejaarden. Door het sluiten van het bouwvolume achteraan wordt een veilige en geborgen binnentuin gecreëerd voor deze bewoners.
Op de twee verdiepingen bevinden zich de kamers en leefruimtes voor de andere rusthuisbewoners. Ook hier vormen gangen, zithoeken en leefruimtes een weefsel van pleintjes en straten, met ruimte voor verschillen tussen de leefgroepen. De geslotenheid van de rechtervleugel contrasteert met de openheid van de vleugel aan de andere zijde.
Door afwisselend materiaalgebruik – rode baksteen, witte muurbepleistering en hout – wordt de eigenheid van de verschillende functies geaccentueerd.

Considering the large scale of the total complex, a transparent compactness was sought that would have the minimum impact on the residential and green environments. The existing layout of the buildings meant that the main building could form an ideal backbone for the new entity. To the right of this axis there is the nursing home section with the department for the elderly suffering from dementia on the ground floor. The building volume is closed to the rear to create a secure courtyard for these residents.
The first and second floors house the bedrooms and living rooms for the other nursing home residents. Here, too, hallways, seating areas and living rooms form a connective tissue of squares and streets with space for different age groups. The closed aspect of the right-hand wing contrasts with the openness of the opposite wing.
The varied use of materials - red brick, white plaster and wood - emphasises the specificity of the different building functions.

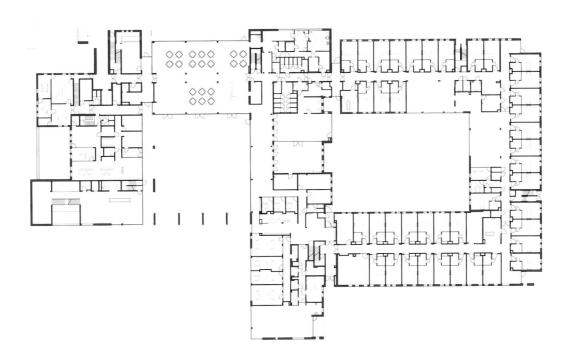

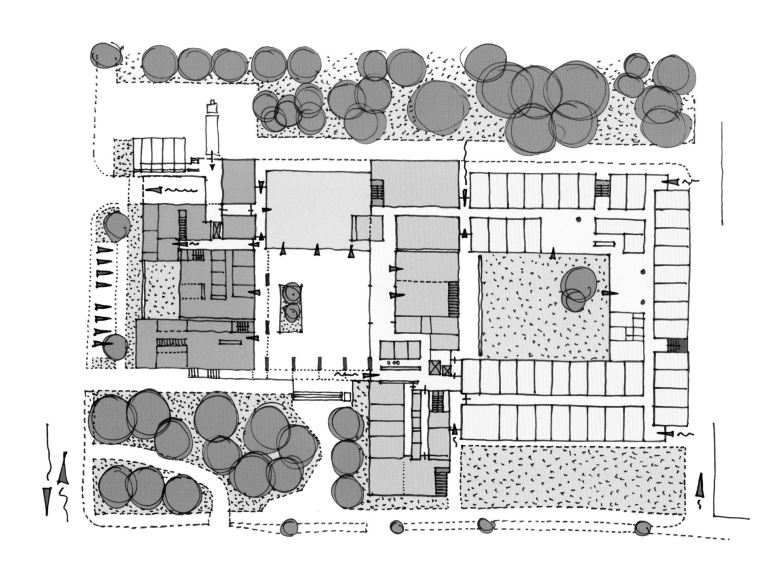

ADL-WONINGEN / ADL HOUSING

Jan De Graefstraat, Berchem
2004-2013

This social housing complex is an extension to an earlier ADL housing project (houses for people who wish to live independently but who need help with Activities of Daily Living). It is located in a neighbourhood of mixed developments of private homes and medium-sized apartment buildings. The front elevation of the complex is north facing so living rooms and gardens at the back can benefit from maximum light and sun exposure. The side elevation continues the rhythm of the existing housing complex in Spoorwegstraat. The affiliation of the complex with earlier building elements led to some interesting design choices.

On the first floor, two of the entrance doors are positioned on the street-side while the other doors are placed in the side facade or passageway. This allowed the architect to provide the ground floor apartments, in the prolongation of the homes and gardens on Spoorwegstraat, with a small garden or terrace. This is at the expense of terraces for two of the first floor apartments.
A passage is centrally placed in the volume that provides access alongside the private gardens of the Spoorwegstraat apartments to a semi-public garden. At the same time, this makes all the gardens and sheds at the back accessible.
Duplex apartments on the first floor are accessed from a metal walkway. The doors have small canopies. The lightweight construction of these canopies adds a certain rhythm to the first floor that softens the monolithic appearance of the front elevation. The use of fibre cement panels also contributes here.
The strict requirements and constraints regarding surface area and layout that are attached to social housing are here translated into an attractive and balanced whole.

Dit complex van sociale woningen is een uitbreiding van een eerder gerealiseerd project van ADL-woningen (woningen voor mensen die zelfstandig willen leven maar hulp nodig hebben bij activiteiten van het dagelijks leven). Het is gelegen in een wijk met een gemengde bebouwing van privéwoningen en middelgrote appartementsgebouwen. De voorgevel van het complex is noord georiënteerd waardoor leefruimtes en tuinen aan de achterzijde volop van licht en zon genieten. De zijgevel neemt de ritmiek van het bestaande woningencomplex in de Spoorwegstraat over. De aansluiting van het grote complex op de al eerder gebouwde woningen heeft geleid tot een aantal interessante ontwerpkeuzes.

Op het gelijkvloers worden twee van de toegangsdeuren aan de straatzijde voorzien; de andere deuren worden aan de zijgevel of in de doorgang geplaatst. Hierdoor slaagt de architect erin om de gelijkvloerse appartementen, in het verlengde van woningen en tuinen in de Spoorwegstraat, toch nog een kleine tuin en een terras te geven. Dit gaat wel ten koste van de terrassen van twee appartementen op de verdieping.
Centraal in het volume is een doorgang gemaakt die langs de privétuintjes van de appartementen in de Spoorwegstraat toegang geven tot een semipublieke tuin. Tegelijkertijd zijn op die manier alle tuinen en bergingen langs de achterzijde bereikbaar.
De duplexappartementen op de verdieping zijn toegankelijk via een metalen gaanderij. De deuren hebben kleine luifels. De lichte constructie en de luifels geven ook de gevel op de verdieping een zekere ritmiek. Dit verzacht het monolithisch gevoel van de voorgevel. Ook het gebruik van vezelcementpanelen helpt daarbij.
De strikte eisen en beperkingen voor sociale woningen qua oppervlakte en inrichting worden hier vertaald in een mooi en evenwichtig geheel.

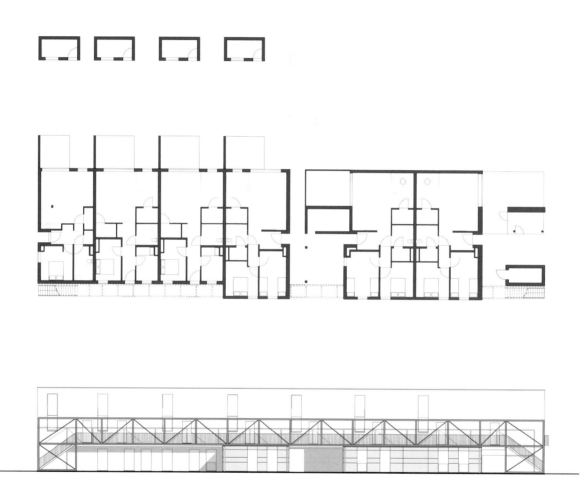

As a social housing association,

we expect an architecture firm to provide,

over and over again and to short deadlines,

excellent architectural proposals

that comply with the existing and evolving standards and regulations.

We found this level of professionalism

in an effective collaboration with Jef Van Oevelen.

Peter Vande Sompele - architect, head of technical department De Ideale Woning

Als sociale huisvestingsmaatschappij

verwachten we van het architectenbureau

telkens opnieuw en op korte termijn

goede architecturale voorstellen

binnen de bestaande en wijzigende normering en regelgeving.

Die professionaliteit en efficiëntie vonden we

in de samenwerking met Jef Van Oevelen.

Peter Vande Sompele - architect, diensthoofd technische dienst De Ideale Woning

WONING VG /
HOUSE VG

Fazantenlaan, Dworp
2007-2010

The design of this house is predicated upon the particularities of the building plot: a steeply sloping piece of land situated in a green environment with beautiful views over the valley. There are two floors at the front while at the back the slope allows for almost three. The interplay of alternating building volumes makes this house interesting and attractive.

The cellar level houses a large parking space and a relaxation area with sauna. The cellar is elevated almost to living room status by an exterior entrance through an 'English courtyard' and direct access to the garden. The kitchen and dining room are separated from the living room by a few steps, which provides cosiness. Engagement with the surroundings is reinforced by oversized windows.
Bedrooms and bathrooms are found on the first floor. The staircase separates the sleeping quarters of the parents from that of the children. A void connects the upstairs with the living room. A large wall facing the living space ensures privacy on the terraces of this section of the home.
The brown brick facade and the dark vertical joinery blends in the house with the natural colours and tall trees of the surroundings.

Het ontwerp van deze woning vertrekt vanuit de bijzondere bouwlocatie: een sterk hellend terrein in Vlaams-Brabant temidden een groene omgeving en met een prachtig zicht op de vallei. Aan de voorzijde zijn er twee bouwlagen terwijl er achteraan door de helling van het bouwperceel bijna drie lagen ontstaan. Het spel van afwisselende bouwvolumes maakt deze woning boeiend en aantrekkelijk.

In de kelder is er een ruime autobergplaats en een ontspanningsruimte met sauna. Door de buitentoegang via een 'Engelse koer' wordt de kelder ook een volwaardige leefruimte met rechtstreekse verbinding naar de tuin. De keuken en eetkamer zijn van de living gescheiden door enkele treden, wat een geborgen gevoel geeft. De betrokkenheid bij de omgeving wordt hierdoor versterkt. Ook het gebruik van extra grote ramen draagt hieraan bij.
Op de eerste verdieping zijn er de slaap- en badkamers. De trap maakt de scheiding tussen de slaapvertrekken van de ouders en van de kinderen. Via een vide blijft er contact met de leefruimte. Een grote muur aan het woongedeelte verzekert de privacy op de terrassen bij het woongedeelte.
De bruine gevelsteen en het donkere verticaal gerichte schrijnwerk sluiten perfect aan bij de natuur en hoge bomen in de omgeving.

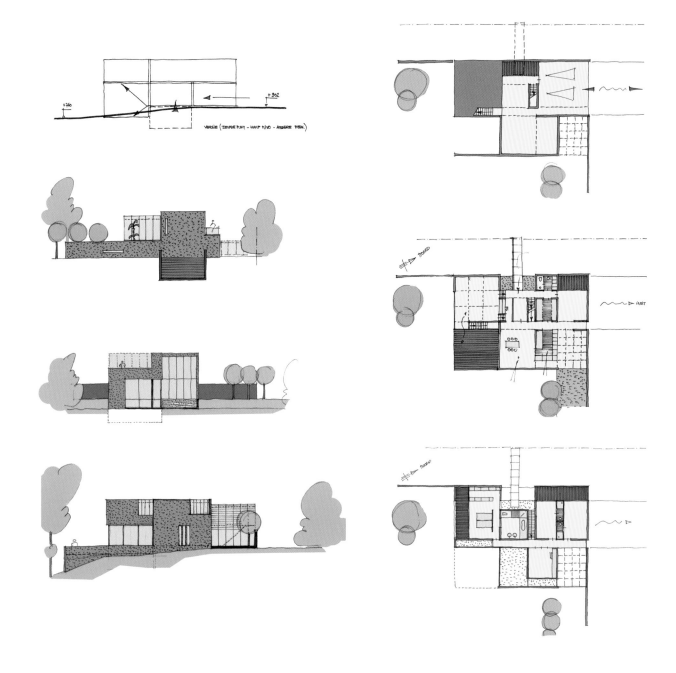

VERSIE (ZELFDE PLAN - HALF H/VD - ANDERE PERK.)

KLASSEN LAGERE SCHOOL /
ELEMENTARY SCHOOL CLASSROOMS

Heidedreef, Schilde
2008-2011

The design for four new classrooms and a multipurpose room for this open air school is based on the experience of future users. Full focus is given to the perception of 'outdoor' and 'indoor' spaces. Since the available space is very limited, the whole is designed as a block. And yet the classrooms appear to be individual entities. Each classroom is provided with a separate access on the north side that also functions as a cloakroom. At the same time, each classroom has the additional distinction of separate colours for each cube-shaped entrance.

The site is defined by three factors: a southern orientation with a fully-opening glass wall, the terrain that has trees that need to be safeguarded and privacy with respect to the neighbouring school. On the northern side, large windows provide additional light. Furthermore, the west-facing upright windows of the sloping green shed roofs allow natural light to filter deep into the classrooms.

A multipurpose room with easily accessible storage, toilets and technical rooms is situated entirely underground and is reached by means of stairs on the east and west sides of the building. The stairwell is also a light trap that brings light all the way into the cellar floor.

Het ontwerp van vier nieuwe klassen en een polyvalente ruimte voor de openluchtschool is uitgewerkt vanuit de beleving van de toekomstige gebruikers. Daarbij krijgen zowel de binnen- als de buitenperceptie de volle aandacht.
Omdat de beschikbare ruimte erg beperkt is, wordt het geheel uitgewerkt als één bouwblok. Toch verschijnen de klassen als individuele entiteiten. Elk lokaal krijgt aan de noordzijde een aparte toegang die ook dienst doet als vestiaire. Tegelijkertijd krijgt de bijhorende klas een extra onderscheid door voor de kubusvormige toegang telkens een verschillende kleur te gebruiken.

De inplanting is bepaald door drie factoren: de zuidoriëntatie met de volledig te openen raamwand, het specifieke terrein waar de bomen moeten gespaard blijven en de garantie van privacy ten opzichte van de aanpalende schoolgebouwen. Via de noordzijde zorgen grote ramen voor een bijkomende fraaie lichtinval. Daarenboven zijn er de hellende groene sheddaken die via de opstaande westelijke wand het daglicht tot ver in de klas te brengen.

De polyvalente ruimte met gemakkelijk toegankelijke berging, sanitair en technische lokalen bevindt zich volledig ondergronds en is bereikbaar via trappen aan de oost- en westzijde van het gebouw. Die trappenhal is tegelijkertijd een lichtsas dat het daglicht ook tot in de kelderverdieping binnenbrengt.

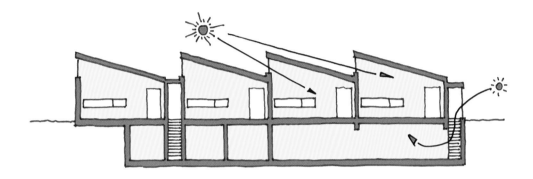

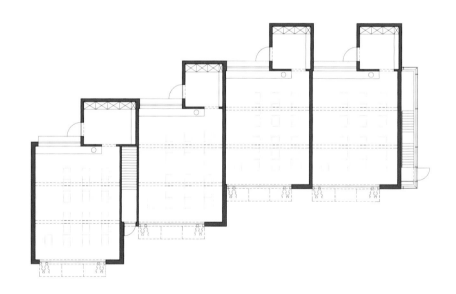

WONING M-DB /
HOUSE M-DB

Diksmuidelei, Brasschaat
2011-heden

The reallocation of an existing residential area adjacent to the military camp in Brasschaat created a number of additional building plots. House M-DB stands on a site within this land, which has specific subdivision regulations that include a limited volume.

The house has a simple and easily readable plan with an emphasis on access. On the ground floor, we find the living spaces and a double garage beside the entrance hall. The garage doors are positioned in the side elevation to leave the front elevation closed, austere and simple. Walls are placed on the terrace to create a simple solution for the need for shade.

There are three bedrooms, a guest room, a bathroom and a shower room on the first floor. A large window above the staircase in the side elevation allows light to flood into the centre of the building, both on the ground and first floors.

The upper volume cantilevers over the ground floor at the entrance and at the back facade, which delivers on both the functional (canopy) and visual (facade variation) levels.

Bonded brick in a nuanced red-purple colour is coherent with the existent original military architecture of the area.

Door de herverkaveling van een bestaand woongebied bij het militair kamp in Brasschaat werd een aantal bijkomende bouwterreinen gecreëerd. Woning M-DB staat op een perceel binnen dit domein met specifieke verkavelingsvoorschriften, waaronder een beperkt gabarit.

De woning heeft een eenvoudig duidelijk afleesbaar plan met een accent op de toegang. Op het gelijkvloers vinden we naast de ingang de woonruimten en een dubbele autobergplaats. De garagepoorten situeren zich aan de zijgevel zodat de voorgevel gesloten, strak en eenvoudig blijft. Aan het terras zijn enkele muren geplaatst zodat een (zonwerende) overkapping op eenvoudige wijze gerealiseerd wordt.

Op de verdieping zijn er drie slaapkamers, een logeerkamer, een bad- en een douchekamer. Boven de trap brengt een groot raam in de zijgevel veel daglicht in het centrum van de woning, zowel op het gelijkvloers als op de verdieping.

Het bovenvolume kraagt aan de toegang en aan de achtergevel over het gelijkvloers wat zowel een functioneel (overkapping) als visueel (verspringing in de gevels) resultaat oplevert.

Verlijmde baksteen in genuanceerd rood-paarse kleur sluit als gevelmateriaal nauw aan bij de bestaande oude militaire architectuur van de omgeving.

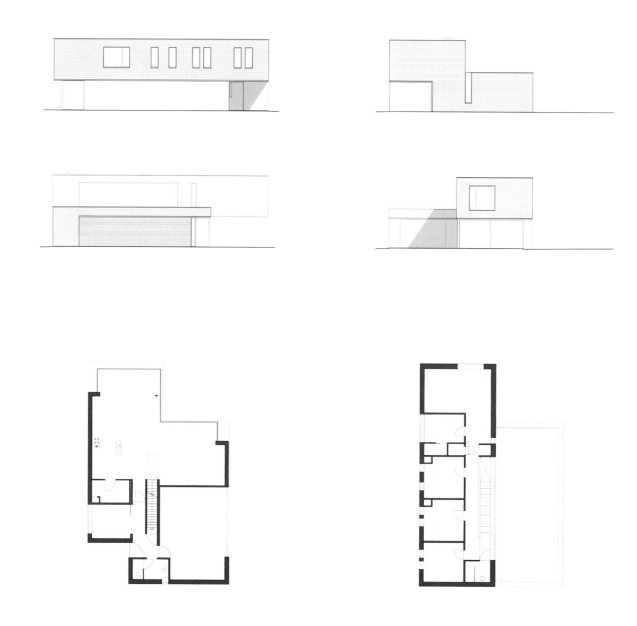

WOONZORGCENTRUM /
ASSISTED LIVING CENTRE

Binnenpad-Hofstraat, Kasterlee
2012-heden

The painstaking process of providing a perfect balance between public, semi-public and private spaces was central to the design of this assisted living centre. The architectural demarcations and intermediate circulation absorb these distinctions and connect the different parts mutually as well as with the nearby village centre. Extensive scientific research was conducted into circulation patterns prior to the design phase.

The entire complex is grouped around several (semi-) enclosed gardens that delineate the sections. The rest and care home forms, with its administration department, logistics services, cafeteria for visitors and so forth, one entity together with the day care centre: a building with partly public and partly semi public functions. The rest and care home also includes a private section with its own courtyard that can house 28 elderly patients who suffer from dementia.

The assisted living block forms a second connected building with its own entrances. The three floors guarantee a total privacy that is yet completely in keeping with the requirements of sheltered accommodation. The homes are arranged around a second enclosed garden. Terraces and gardens on the ground floor and terraces on the upper floors offer users private outdoor spaces. The link with the rest home allows assisted living residents to make use of its services and those of the day care centre, such as the cafeteria and wellness area, or to share time outdoors with other residents.

The Binnenpad and Hofstraat facades represent the various identities of the spaces enclosed. Some reveal what goes on behind the walls, others merely suggest.

Bij het uitwerken van het woonzorgcentrum heeft de nauwgezette afweging van publieke, semipublieke en private ruimte centraal gestaan. De architecturale afbakening en tussenliggende circulatie vangt die verschillen op en verbindt de onderdelen zowel onderling als naar het nabijgelegen centrum van het dorp. Specifiek voor de circulatiepatronen werd voorafgaand uitgebreid wetenschappelijk onderzoek verricht.

Het volledige complex groepeert rond verschillende (half)afgesloten binnentuinen de onderscheiden delen. Het rust- en verzorgingstehuis (rvt), met bijhorende administratie, logistieke diensten, cafetaria voor bezoekers enz., vormt samen met het dagverzorgingscentrum één geheel, één gebouw met een deels publiek en deels semipubliek karakter. Het rvt omvat ook een besloten afdeling met een eigen binnentuin voor 28 demente bejaarden.

Het blok met de assistentiewoningen vormt een aansluitend tweede gebouw, met eigen ingangen. De drie bouwlagen garanderen een grote privacy, volledig op beschermd wonen gericht. De assistentiewoningen oriënteren zich rond een tweede binnentuin. Terrassen en tuintjes op het gelijkvloers en terrassen op de twee verdiepingen bieden de gebruikers de kans om hun 'buiten' eerder privaat te beleven. Door de verbinding met het rvt kunnen de bewoners van de assistentiewoningen vlot gebruik maken van de diensten van het dagverzorgingscentrum en rvt, o.m. cafetaria en wellness, of hun 'buiten' zijn daar delen met andere bewoners.

De gevels aan Binnenpad en Hofstraat vertegenwoordigen de diverse invulling van de achterliggende ruimtes. Deels tonen ze wat er achter de muren leeft, deels ook suggereren ze de invulling.

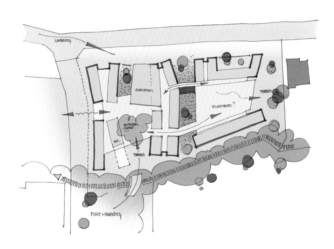

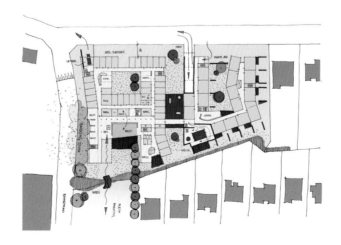

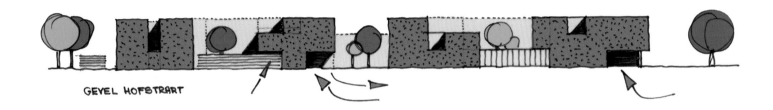

GEVEL HOFSTRAAT

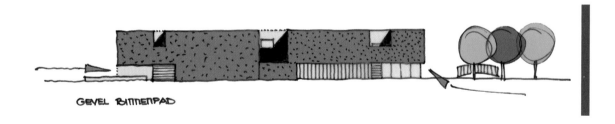

GEVEL BINNENPAD

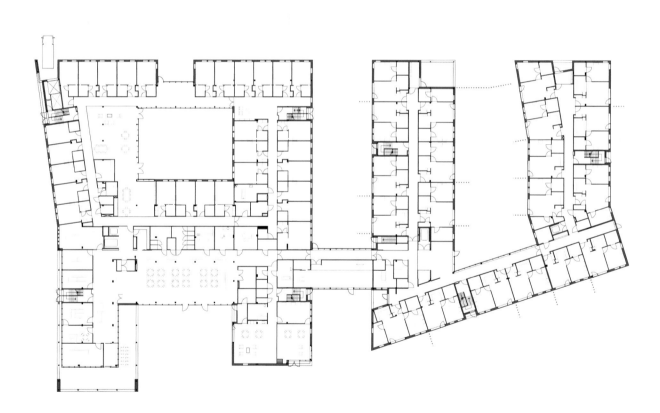

SKELETON AND SKIN

The choice of materials can express a reference, an acknowledgement or a logicality. The visible materiality (skin) may, for example, relate to the underlying structure (skeleton): rarely concealing, often highlighting. This interplay between skin and skeleton is significant. Sometimes the skeleton is isolated from the entirety. So it is tempting to point out elements of deconstructionism in the work of Jef Van Oevelen. Certainly there are many features of the Dental practice and studio in Brasschaat that can also be found in the work of, among others, Peter Eisenman (1932) and his New York Five colleagues. They analysed the seeming clarity of (Corbusian) modernist architecture and its links with (Russian) constructivism by unravelling the various design elements. The architects establish clear points of emphasis while they leave open all the options for reading and interpreting the building. But, as we know, this was not a group with its own manifesto, common vision or collective programme. There are only formal agreements, which Eisenman grouped together under the term 'violated perfection'.

The Dental practice by Jef Van Oevelen uses this approach in such a way that the liberation of structural elements necessarily leads to a formal purification beyond perfection. Cold, aloof materials such as steel, zinc and glass brick are, according to their function, deployed together. This is done just as well with more tactile materials such as wood and plaster. Uncompromising perfection is an excellent means of exploring the margins of building codes: it isolates regulations from their rationale and is inspiring and relativistic to the architect.

The emphasis on the skin and the underlying hidden but shaping structure is a classic search for pure form but not a choice without obligations. So Jef Van Oevelen does not generally deviate from orthogonal relationships. The exterior as a covering over the skeleton is applied with particular success in the Sint-Ludgardis school library in Brasschaat. The wood panelling dresses the volume on three sides to create a precious object carefully integrated into the natural surroundings: even the entrance door vanishes. Texture is important to this approach and the facade transcends the banal surface by having palpable walls. The fourth side provides a view of the underlying lucid and minimalist structure. From this it appears that the exterior follows the interior form perfectly. The beam-shaped structure is the support for the stretched skin while the skin also holds the skeleton together.

"Every material has its rules of play", confirms Jef Van Oevelen. The properties of a material, for example its specific size and proportions, must be respected in the design and implementation phases. Materials play a role in the concept and technicity of a project. To Jef Van Oevelen, this is an additional aspect of honest architecture. The material qualities of a building also lie in the legitimate, genuine use of the materials. The environment is another determiner of the choice of materials. In this, he is in agreement with, among others, Louis Kahn (1901-1974), who juxtaposed very different materials in order to enhance their characteristics.

De keuze van materialen kan een verwijzing, een bekentenis, een logica uitdrukken. De zichtbare materialiteit (huid) kan bijvoorbeeld relateren aan de onderliggende structuur (skelet), zelden verbergend, dikwijls benadrukkend. Dat samenspel tussen huid en skelet is belangrijk. Soms wordt het skelet uit het totaal geïsoleerd. Het is dan verleidelijk om binnen het werk van Jef Van Oevelen kenmerken uit het deconstructivisme aan te wijzen. Zeker de Tandartsenpraktijk met studio in Brasschaat vertoont heel wat elementen die ook terug te vinden zijn bij onder meer Peter Eisenman (1932) en zijn collega's van de New York Five. De schijnbare helderheid van de (Corbusiaanse) modernistische architectuur en haar banden met het (Russische) constructivisme wordt door hen geanalyseerd via het uiteenrafelen van de verschillende vormgevende elementen. De architecten leggen duidelijke klemtonen terwijl zij toch nog alle keuzes tot het lezen en interpreteren van het gebouw open laten. Maar zoals bekend was dit geen groep met een eigen manifest, een gemeenschappelijke visie of collectief programma. Enkel de vormelijke overeenkomsten zijn er, door Eisenman gegroepeerd onder de term 'Violated perfection'.

De Tandartsenpraktijk van Jef Van Oevelen hanteert die benadering in de wijze waarop de verzelfstandiging van structurele elementen noodgedwongen leidt tot vormelijke uitzuivering, voorbij de perfectie. Koude, afstandelijke elementen als staal, zink en glasdals worden, onderscheiden naar functie, naast elkaar gecombineerd. Dit gebeurt even zo goed met meer tactiele materialen als hout en bepleistering. De compromisloze perfectie is een uitgelezen methode in het aftasten van de marges van de bouwvoorschriften, ze isoleert de regels van hun rationaliteit en werkt voor de architect inspirerend en relativerend.

De beklemtoning van de huid en de daaronder liggende, verborgen maar vormgevende structuur is een typische zoektocht naar pure vorm, maar geen vrijblijvende keuze. Jef Van Oevelen wijkt daarbij doorgaans niet af van de orthogonale verbanden. De buitenzijde als een hoes over het skelet is bijzonder geslaagd toegepast in de schoolbibliotheek Sint-Ludgardis te Brasschaat. De houten betimmering kleedt het volume langs drie zijden tot een precieus object, zorgvuldig ingepast in de natuurlijke omgeving; zelfs de toegangsdeur verdwijnt. Textuur wordt in deze benadering belangrijk en de gevel overstijgt het banale oppervlak, maakt de wanden tastbaar. De vierde zijde biedt dan inkijk op de onderliggende minimalistische en heldere structuur. Daaruit blijkt dat de buitenzijde perfect de binnenvorm volgt. Het balkvormige skelet is de drager van de gespannen huid terwijl die huid ook het skelet bijeen houdt.

"Elk materiaal heeft zijn spelregels", bevestigt Jef Van Oevelen. De eigenschappen van dat materiaal, bijvoorbeeld de specifieke maat en verhoudingen, moeten in het ontwerp en de uitvoering gerespecteerd worden. Zij spelen hun rol in concept en techniciteit. Dat is voor Jef Van Oevelen een bijkomend aspect van eerlijke architectuur. De materiële kwaliteiten van een gebouw liggen mee in het oprechte, authentieke gebruik van de materialen. En ook de omgeving kan de keuze voor materialen bepalen. Hij sluit hiermee onder meer aan bij Louis Kahn (1901-1974) die door het tegenover elkaar plaatsen van erg verschillende materialen, de kenmerken ervan versterkt.

TANDARTSENPRAKTIJK EN STUDIO S /
DENTAL PRACTICE AND STUDIO S

Kapelsesteenweg, Brasschaat
1993-1995

This dental practice with living quarters located on a busy road in Brasschaat is a striking arrangement of different elements. Volumes in a variety of materials, such as glass tiles, zinc, wood panelling and plaster are mounted in an orthogonal grid of columns that creates a spatially coherent whole. The cube-shaped volume indicates the building's structure, within which walls are deliberately placed inside and outside.

The volume in glass tiles, inside which the waiting room is located, has a window at the seated height of the people waiting. The glass volume is placed in a water feature to free it visually from its surroundings. The solar shading on the front elevation was added later - the glass tiles heated up too much - but does not disrupt the overall design.

The ground floor is entirely occupied by the dental practice. The entrance is in the side elevation and connects with the interior circulation. This hallway forms the separation between the waiting room, lab and bathroom on the left and the reception and consultation rooms on the right. The double height and a large skylight makes the corridor visually more spacious. Patients leave the practice at the rear of the building.

The entrance to the living area on the first floor is positioned centrally in the front elevation of the cube volume and accented by a small balcony. The outside staircase behind a closed wall leads to a metal walkway to the front door. The entrance hall is double height to provide the small volume with air and light and the impression of more space. The home is compact but has a spacious terrace with an exterior staircase to the garden.

The visibility of the supporting structure of the house is also preserved in the interior with cupboards and walls that do not reach the ceiling. Each consultation room has a small outdoor area.

The building references the work of Peter Eisenman and his Cardboardhouses and particularly House X (1982).

Deze tandartsenpraktijk met woonruimte langs een drukke steenweg in Brasschaat is een opvallende schakeling van verschillende elementen. De volumes in diverse materialen zoals glastegels, zink, houten betimmering en bepleistering worden in een orthogonaal grid van kolommen gevat waardoor het een ruimtelijk overzichtelijk geheel blijft. Het kubusvormig volume geeft de structuur van de woning aan waarin muren bewust binnen of buiten worden geplaatst.

Het volume in glastegels waarachter zich de wachtruimte bevindt heeft een raam op zichthoogte van de wachtenden. Het glazen volume is in een waterpartij geplaatst waardoor het visueel los komt van zijn omgeving. De zonnewering in de voorgevel, de glastegels zorgden voor te veel opwarming, werd later toegevoegd maar verstoren het geheel niet.

Het gelijkvloers wordt volledig ingenomen door de tandartsenpraktijk. De toegang voor de praktijk ligt aan de zijgevel en sluit aan op de binnencirculatie. Deze gang vormt de scheiding tussen wachtruimte, labo en sanitair aan de linkerkant en onthaal en consultatieruimtes rechts. Door de dubbele hoogte en een ruime dakkoepel wordt de gang visueel ruimer. De patiënten verlaten de praktijk langs de achterzijde.

De ingang naar het woongedeelte op de verdieping is centraal in het kubusvolume voorzien, in de voorgevel geaccentueerd door een klein balkon. De buitentrap achter een gesloten muur loopt naar een metalen passerel die naar de voordeur leidt. De inkomhal van de woning is dubbelhoog waardoor het kleine volume licht en lucht krijgt en daardoor ruimer lijkt dan het eigenlijk is. De woning is compact maar heeft een ruim terras met buitentrap naar de tuin. De draagstructuur van de woning wordt ook in het interieur benadrukt door invullingen met kasten en wanden die niet tot het plafond reiken en zo die elementen zichtbaar houden. De consultatieruimtes hebben elk een kleine buitenruimte.

De woning sluit nauw aan bij het werk van Peter Eisenman en zijn 'Cardboardhouses' en meer specifiek 'House X' (1982).

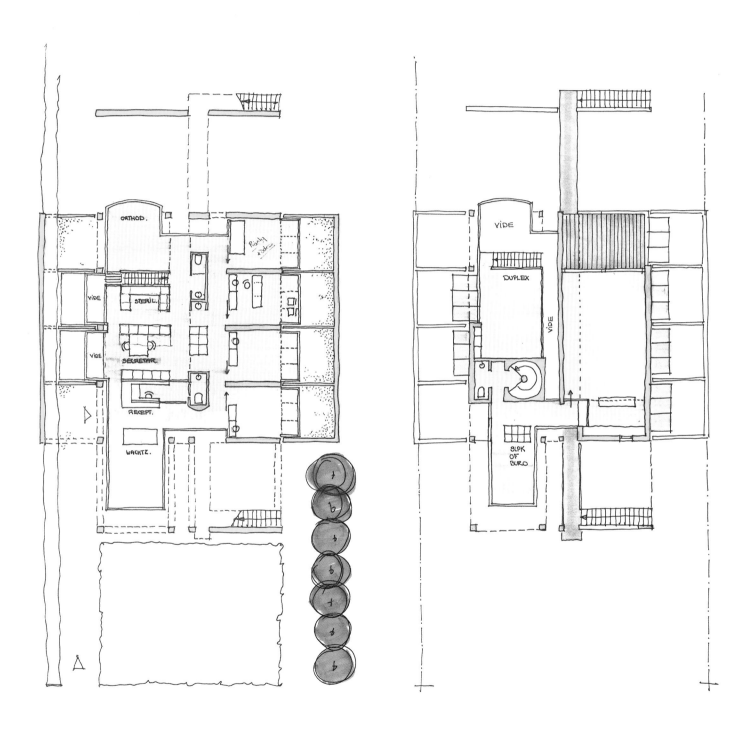

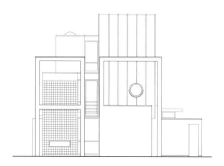

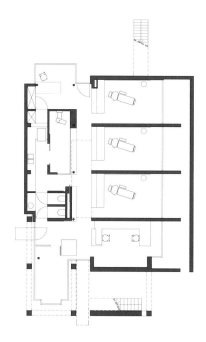

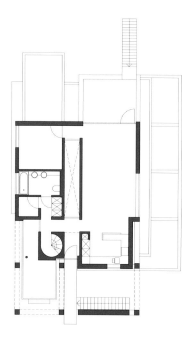

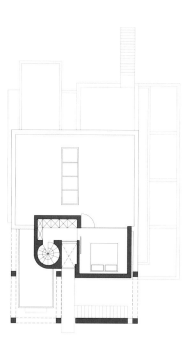

SPORTHAL LAGERE SCHOOL /
SPORTS HALL, ELEMENTARY SCHOOL

Kapelsesteenweg, Brasschaat
1999-2003

This newly built sports hall for elementary school pupils is situated beside an existing sports hall with postmodern features. The new building, designed by Jef Van Oevelen, is very sober in form and materials, which seems to be the best solution within the amalgam of highly diverse buildings of Sint-Michiels college.

A metal structure forms the skeleton of a simple, well-proportioned box that houses the changing rooms and toilets for pupils and teachers as well as the sports facilities. There's a view into the sports hall from the changing rooms, which provides the concept with extra openness.

Sober aluminium panels in a natural colour and with small wave-forms provide the building's skin. A section of yellow facade brightens up the aspect and accentuates the entrance and staircase thereby performing a physical function.

A skylight allows in natural light and is another attractive and useful architectural element.

Deze nieuwbouwsporthal voor leerlingen van de lagere school staat naast een bestaande sporthal met postmodernistische trekjes. Het nieuwe gebouw van architect Jef Van Oevelen is zeer sober in vorm en materiaalgebruik, wat de beste oplossing lijkt in het amalgaam van de zeer diverse gebouwen van het Sint-Michielscollege.

Een metalen constructie vormt het skelet van een eenvoudige, goed geproportioneerde doos die naast het sportgedeelte ook de kleedkamers en sanitair voor de leerlingen en leraar(s) bevat. Vanuit de kleedkamers is er een doorkijk naar de sporthal wat het concept extra openheid geeft.

Sobere aluminium gevelpanelen in natuurkleur en met kleine golf vormen de huid van het gebouw. Een gedeeltelijk geel gevelvlak vrolijkt het project op en accentueert de ingang en de trap van deze sporthal zodat het ook functioneel wordt.

Een lichtstraat op het dak zorgt voor natuurlijke lichtinval en is een bijkomend mooi en nuttig architecturaal element.

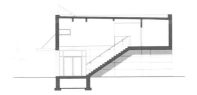

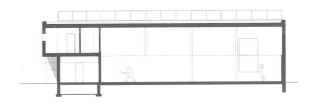

KANTOREN EN SHOWROOM DL /
OFFICES AND SHOWROOM DL

Leugenberg, Ekeren
2004-2008

This rapidly growing glazier's is a family business that seeks to have a strong physical presence in the area. The need for new, larger offices and showroom required an intensive intervention in the existing buildings on the site, with the majority having to make way for the new building. It was a striking and inviting building due to its sleek design and comprehensive use of materials. Concrete and glass was put to good effect without its use being exaggerated. On the ground floor and first floor the rectangular volume of the new building is conceived as a concrete portico with a setback glass facade. A beam-shaped steel structure with glass infills cantilevers out eight metres over the main volume to provide a second floor. In summary: experimentation with concrete, steel and – of course – glass.

The cellar level houses the showroom and the technical room. The ground floor includes a covered entry foyer, a double height showroom with reception area, an office and sanitary facilities. On the first floor there are offices and sanitary facilities adjacent to a patio. The interior design with its many references to glass is included in the project and is an intrinsic part of the whole. Again, a consistent use of concrete and many types, shapes and colours of glass results in a sleek, powerful architecture.
The client is not only greeted with a diverse range of glass products but also with a variety of interesting glass applications, such as steps, railings, partition walls, wall coverings and doors.

The Lauryssens warehouse and workshop is located a little further down the street. Here again, exposed concrete combined with U-shaped strips of glass encloses the building in a distinctive skin.

De op korte tijd erg gegroeide glashandel is een familiebedrijf dat zich sterk wil profileren naar de omgeving. Nood aan nieuwe, ruimere kantoren en toonzaal vereisten een grondige ingreep in de gebouwen die op het terrein aanwezig waren en waarvan het grootste gedeelte plaats moest maken voor de nieuwbouw. Het werd een opvallend én uitnodigend gebouw dankzij een zeer strakke vormgeving en een doorgedreven materiaalgebruik, beton en glas, respectvol en zonder overdrijven toegepast.
Het rechthoekig volume van de nieuwbouw is op het gelijkvloers en de eerste verdieping opgevat als een betonnen portiek met een terugliggende glazen gevel. Voor de tweede verdieping werd er op het hoofdvolume een balkvormige stalen structuur voorzien met glazen invullingen die langs beide zijden acht meter overkraagt. Samengevat: experimenteren met beton, staal en - voor zich sprekend - vooral glas.

In de kelderverdieping bevindt zich de toonzaal en de technische berging. Het gelijkvloers bevat een overdekte inkomzone, dubbelhoge toonzaal met receptie, kantoorruimte en sanitaire voorzieningen. Op de eerste verdieping zijn er kantoorruimtes en sanitaire voorzieningen grenzend aan een patio. De interieurinrichting met veel details naar glas toe maakt mee deel uit van de opdracht zodat deze samen met het gebouw een geheel vormen. Ook hier resulteert het consequent gebruik van beton en glas in vele soorten, vormen en kleuren in een strakke, sterke architectuur.
De bezoekende klant geniet niet enkel van het gedifferentieerd aanbod van glas maar ook van een aantal interessante toepassingen zoals traptreden, leuningen in glas, scheidingswanden, muurbekledingen en deuren.

Iets verder in de straat Leugenberg staat het magazijn en de werkplaats van glashandel Lauryssens. Ook hier vormt in het zicht blijvend beton in combinatie met U-vormige glasstroken een uitgesproken huid die het gebouw omsluit.

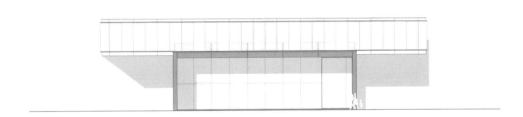

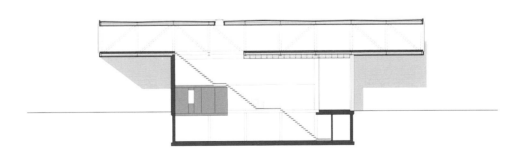

BIBLIOTHEEK SL /
SCHOOL LIBRARY SL

Donksesteenweg, Brasschaat
2006

The classroom buildings of this open-air school are grouped in small units in the green environment. Each classroom is south-facing to allow the south wall to be opened fully during the lessons. The library is an independent interpretation of this idea. The collection of books is gathered together in an isolated, almost sealed box, placed in a somewhat lost position between the trees and bushes. Three facades have been kept completely blind: even the narrow door on the south side disappears into the wood trim. The conservation aspect of a library is manifested in this sealed cabinet(work).

The northern wall, however, is glazed and looks out on a 'reading plaza' with stands. Fully in the spirit of the school, activities, in this case reading, are associated as much as possible with the outdoors.

The library is the only school building that is raised above ground level. The simple beam rises on a receding plinth. The entrance is hidden in the wall and accessed via a slightly inclined plane. The books are protected in this cabinet: safely tucked away with a certain air of exclusivity. There is a uniform and safe natural light on the book racks and reading tables provided by the open north wall. In spite of the blunt form of the building, its wooden skin allows it to blend effortlessly into the surroundings. The door functions as an Alice in Wonderland rabbit hole: the mysterious entrance to a world of fantasies and dreams.

The relationship between the pupils and the outdoors - also readable in the other school buildings - is here made explicit in a very ceremonious style. From the reading plaza, the library appears as an open tabernacle, a stage where books play the leading role. The stands have a view of the interior and exterior spaces. They provide comfortable seating for listening to stories or for individual reading. At the same time, each tree can serve as furniture for the act of reading.

De klasgebouwen van deze 'openluchtschool' staan in kleine entiteiten in het groene domein gegroepeerd. Elk lokaal is zorgvuldig zuid georiënteerd om deze wand tijdens de lessen volledig open te kunnen houden. De bibliotheek interpreteert dit op een eigen manier. De verzameling boeken voor de leerlingen werd bijeengebracht in een afzonderlijke, erg gesloten boekendoos, ietwat verloren geplaatst tussen de bomen en struiken. Drie gevels zijn volledig blind gehouden; ook de smalle toegangsdeur aan de zuidzijde gaat mee op in de houten bekleding. Het bewarende van de bibliotheek gebeurt in dit afgesloten schrijn(werk).

De noordwand daarentegen is een grote glaspartij en geeft uitkijk op het 'leesplein' met tribune. Volledig in de geest van de school wordt het actieve, met name het lezen van de leerlingen, zoveel mogelijk met buiten gerelateerd.

De bibliotheek is het enige lokaal in de school waarvan de vloer zich boven het maaiveld bevindt. De eenvoudige balk verheft zich op een terugspringende plint. De toegang ligt in de wand verborgen, bereikbaar via een licht hellend vlak. De boeken worden in deze kast beschermd en zijn met enige zin voor exclusiviteit veilig geborgen. De bibliotheek kent via de open noordzijde een gelijkmatige en veilige belichting van de boekenrekken en de enkele leestafels. Niettegenstaande de krachtige vorm integreert het gebouw zich door de houten huid complexloos in de natuur rondom. De deur functioneert als het konijnenhol in Alice in Wonderland: de geheimzinnige toegang naar een wereld vol fantasie en verwondering.

De relatie tussen de leerling en het buitengebeuren – die ook in de andere gebouwen van de school afleesbaar is – wordt hier op een plechtstatige manier geëxpliciteerd. Vanop het leesplein manifesteert de bibliotheek zich als een geopend tabernakel, een podium waar boekverhalen de hoofdrol spelen. De tribune geeft een kijk op de binnen- en buitenruimte. Ze biedt tevens comfort voor luisteren naar verhalen of het individuele lezen. Tegelijkertijd kan elke boom in de omgeving als leesmeubel dienst doen.

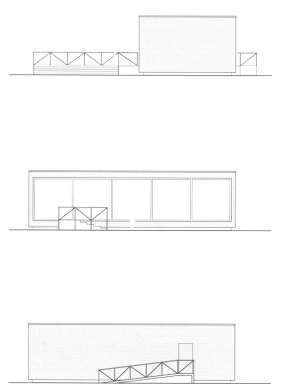

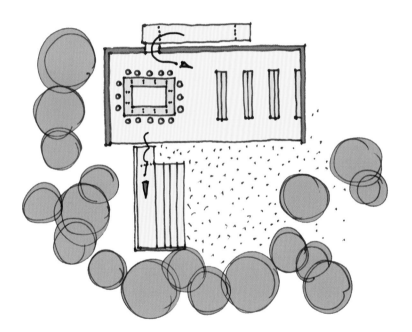

TURNZAAL EN KLASSEN SL /
GYMNASIUM AND CLASSROOMS SL

Sint-Maria-ten-Boslei, Schoten
2008-2012

The construction of a new gymnasium for the school was combined with the addition of three kindergarten classes. For the latter, the tried and tested layout for terraced houses was reverted to, with southern exposure, limited private space on the northern side and all circulation on the outside. An open-air school has no need for corridors. A covered gallery links to the gym, with, naturally, a south facade that opens up. The ground floor also has a dining room, kitchen and changing rooms for the infants. The first floor contains the changing rooms for the elementary school children and a craft room. The dining room can be connected to the gym by means of a moveable wall and function as a stage if, for example, the moveable stands are rolled out. The building has two staircases that lead up to bay windows with views over the greenery at the rear. One of the staircases leads the pupils to the first floor changing rooms, the other takes them straight into the gym. The many, large glazed sections either connect the interior spaces or offer a view of, and a connection to, the surrounding nature.

Considerable thought has gone into providing openness and transparency. The careful integration of windows and the alternating colours and materials of interior walls are all linked to transparency. The substructure is finished on the outside in the same red brick as the adjacent classrooms. A wood facing was chosen for the upper volume. The intended discolouration of this wooden skin will allow it to integrate more fully with the woods beyond.

De bouw van een nieuwe turnzaal voor de school werd gecombineerd met de toevoeging van drie kleuterklassen. Voor deze laatste werd teruggegrepen naar het beproefde plan van geschakelde bouw, oriëntering op het zuiden, beperkte private ruimte op het noorden en alle circulatie aan de buitenzijde. Een openluchtschool heeft immers geen behoefte aan gangen. Een afgedekte gaanderij maakt de verbinding naar de turnzaal, uiteraard met een te openen zuidgevel, met op het gelijkvloers verder nog een eetzaal, keuken en kleedkamers voor de kleuters. De verdieping bevat de kleedkamers voor de lagere schoolkinderen en een knutsellokaal. De eetzaal kan via een verplaatsbare wand volledig aansluiten op de turnzaal en als een podium functioneren, bijvoorbeeld wanneer de verplaatsbare tribune is uitgerold. Het gebouw bevat twee trapzalen die bovenaan eindigen in een glazen erker met zicht op het achterliggende groen. De ene trap voert de leerlingen naar de kleedkamers op de verdieping, de andere brengt hen van daar rechtstreeks in de turnzaal. De vele en grote glaspartijen verbinden de binnenruimten onderling of bieden een uitkijk op en verbinding met de natuur rondom.

Er is veel aandacht besteed aan openheid en transparantie. De zorgvuldige inpassing van ramen en de afwisselende materialen en kleuren aan de binnenwanden bieden telkens een passende aansluiting bij de doorkijk. De onderbouw is aan de buitenzijde afgewerkt met dezelfde rode baksteen als de aanpalende klassen. Voor de verdieping werd gekozen voor een houten bekleding. De beoogde verkleuring van deze houten huid beklemtoont de inpassing van het gebouw in het achterliggende bos.

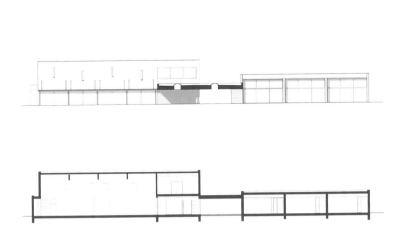

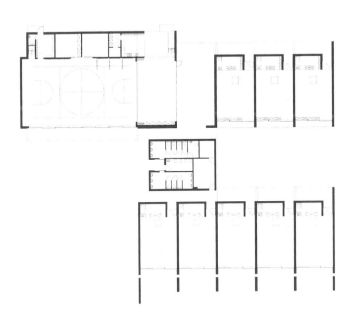

For each project there was a limited budget,

subsidies to be juggled

and increased demand for energy efficiency.

Each time, Jef Van Oevelen succeeded

in realising stunning, contemporary buildings.

He delivers added value.

Guido Roels - chairman vzw open air schools Sint-Ludgardis

Bij elk project was er het beperkte budget,

moest er gegoocheld worden met subsidies

en groeide de aandacht voor energie-efficiëntie.

Telkens slaagde Jef Van Oevelen erin

prachtige, eigentijdse gebouwen te realiseren.

Een toegevoegde waarde.

Guido Roels - voorzitter vzw openluchtscholen Sint-Ludgardis

RENOVATIE TWEE WOONCOMPLEXEN 'ROZEMAAI' / RENOVATION OF TWO HOUSING COMPLEXES 'ROZEMAAI'

Jef Van Hoofstraat - Karel Candaelstraat, Antwerpen
2011

The social housing estate Rozemaai connects with Ekeren village centre and, like similar estates at the outskirts of the city, has to contend with liveability issues. This led to the city of Antwerp drawing up a mission statement in 2009 for the creation of a master plan. The intention was to map the social fabric and quality of life of this estate. The master plan, made public in early June 2012, locates the problems and proposes targeted solutions. It provides guidance on the overall approach to various social housing complexes that are adjacent to each other but fragmented. It also proposes improvements that should restore the identity and character of the public space to the front of the area.

In 2011, Jef Van Oevelen is asked by Woonhaven Antwerpen cvba to present a plan for the renovation, remodelling and extension of two large residential blocks in this neighbourhood.

The design starts from the viewpoint that renovation is only feasible if major parts of the building can be retained. The preservation of the concrete structure is cost effective and allows for extensions - where necessary - by means of cantilevered volumes. This gives the entirety a playful appearance. Various housing types were tested and developed based on the existing substructure and technical infrastructure. For adequate living space to be found within the existing structures, in compliance with current standards, additional space had to be provided in certain places. This is taken literally in the design: cantilevered building volumes are added where they are needed. The puzzle-effect of the various new housing modules creates a play of forms that, together with the different shades of colour, revives and lightens the building.

Since the public space in the Rozemaai neighbourhood had neither a defined purpose nor a properly functional infrastructure, it barely had any aesthetic or recreational value. The new concept for the landscaping seeks to keep the space as transparent as possible. A vast multifunctional lawn serves as the substructure. A number of access routes are emphasised and link the different zones of the design.

De sociale woonwijk Rozemaai sluit aan bij de dorpskern van Ekeren en heeft, net als gelijkaardige woonwijken aan de rand van de stad, te kampen met leefbaarheidsproblemen. Daarom start de stad Antwerpen in 2009 met de opdrachtomschrijving voor de opmaak van een masterplan. Dit moet het sociale weefsel en de kwaliteit van het wonen in kaart brengen. Het masterplan dat begin juni 2012 gepubliceerd wordt, situeert de problemen en stelt gerichte oplossingen voor. Het geeft een leidraad voor de globale aanpak van verschillende sociale woningbouwcomplexen die fragmentair naast elkaar liggen. Het stelt ook verbeteringen voor die de publieke ruimte voor de wijk terug identiteit en karakter moeten geven.

In 2011 wordt Jef Van Oevelen door Woonhaven Antwerpen cvba gevraagd om voor twee grote woonblokken in deze wijk, een aanpak voor renovatie, verbouwing en uitbreiding voor te stellen.

Het ontwerp vertrekt vanuit de visie dat renovatie alleen verdedigbaar is als belangrijke delen van het gebouw behouden kunnen blijven. Het vrijwaren van de basisstructuur in beton werkt besparend en geeft de mogelijkheid om - daar waar nodig - de structuur uit te breiden met uitkragende volumes. Dit geeft het geheel een speels beeld. Op basis van de bestaande draagconstructie en technieken werden verschillende woontypes getoetst en uitgewerkt. Om binnen de bestaande structuren voldoende woonruimte te vinden in overeenstemming met de actuele normen, dient op verschillende plaatsen bijkomende woonoppervlakte gevonden. Dit wordt in het ontwerp ook heel letterlijk genomen. Waar nodig worden uitkragende bouwvolumes toegevoegd. De puzzel van de verschillende nieuwe woonmodules creëert een vormenspel dat, ondersteund door kleurschakeringen, het gebouw opnieuw luchtig en levendig maakt.

Doordat de publieke ruimte in de wijk Rozemaai een onbestemd karakter had en functioneel noch kwalitatief ingericht was, bleef er nauwelijks belevings- en verblijfswaarde. In het nieuwe concept voor de omgevingsaanleg is er gekozen om de ruimte zo transparant mogelijk te houden. Een uitgestrekt, multifunctioneel grasveld doet dienst als algemene drager. Een aantal looplijnen worden

benadrukt en linken de verschillende zones van het ontwerpgebied aan elkaar.

De garageboxen tussen de twee bouwvolumes worden afgebroken en vervangen door een verhoogd gazon. De plek zal hierdoor onmiddellijk meer ademruimte krijgen. Het gazon zal dienst doen als centrale ontmoetingszone en aanleiding geven tot spel. De ondergrondse parkeergarage blijft bewaard maar zal volledig worden ontmanteld. Barcodes van geschoren groen geven het geheel herkenbaarheid en delen de ruimte op in verschillende subruimtes. Een onregelmatig grid van transparante boomkruinen brengt in het geheel een derde dimensie.

The garages between the two building volumes were demolished and replaced by a raised lawn. This instantly provides more breathing space. The lawn will serve as a central meeting area and an inviting place to play. The underground car park is preserved but will be completely stripped. Barcodes of trimmed greenery provide recognisability and divide the space into various sub spaces. An irregular grid of transparent tree canopies provides a third dimension.

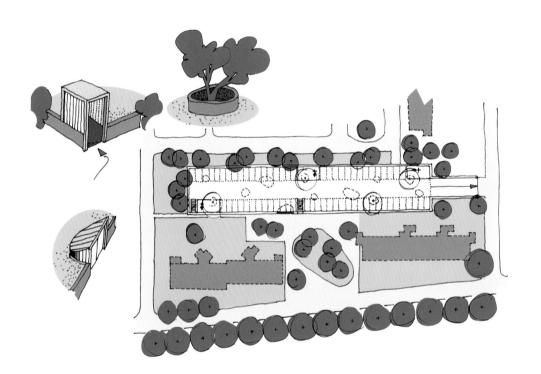

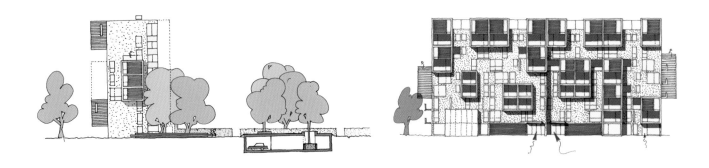

SEARCHING REDEFINED AS FINDING

3

In architectural practice, there is a multitude of knowledge but generally this arsenal is not made very explicit. When designing, the architect displays this tacit knowledge as a skill built up experientially through praxis. He/she also employs a learned and/or appropriated arsenal of set and proven methods. For new problems, new solutions must be generated. This happens through design. When conventional methods fail to provide adequate solutions, design-focused research is conducted into new methods, new solutions, new knowledge that transcend routine and acquired systems.

Participation in design competitions is a proven method of honing the ability to 'find'. The great freedom that such a call for submissions typically engenders make architecture competitions a dynamic platform for groundbreaking design. The designs for a school with residential units in Brasschaat and a technical school in Heist-op-den-Berg demonstrate how pushing the limits of a project beyond the seeming bounds of possibility can lead to better insights and better design. But in various other projects too, Jef Van Oevelen shows how design can function as a problem-solving tool. Unusual content, imposed constraints, an anomalous site: these are just some of the inducements to search for new (reusable) architectural knowledge.

The experimental facet of design is primarily to be found in the many design sketches that will never be realised. What fails to measure up, what does not outstrip uncertainty, remains a venerable player in the experiment. But real research is focused on finding, whether or not with an eye for serendipity. The good researcher is the one who finds.

Reflecting on the design is inherent to architectural practice. Furthermore, expanding design through an inquiring attitude is only meaningful if the found knowledge also becomes available in other contexts, from other content, for other designers and for the creation of new knowledge. The reuse of the new knowledge is the validation of its quality.

A powerful example of outside the box thinking can be found in the medical post of the Red Cross building in the Antwerp harbour. The stripping of the interior of the original construction was inspired by the change in the perception of the aid post's role and content. The architect linked this to an adapted circulation that led to the creation of an atrium. Activities that used to be outside the post's scope are grouped together in a separate container designed as a second floor. The same concept was also applied in other projects.

In de architectuurpraktijk is heel veel kennis aanwezig, maar dit arsenaal is doorgaans weinig geëxpliciteerd. In het ontwerpen toont de architect die stilzwijgende kennis als een vaardigheid die ervaringsgewijs opgebouwd wordt in de praxis. Ook hanteert hij daarbij een aangeleerd en/of toegeëigend arsenaal aan vaste en beproefde methodes. Voor nieuwe problemen moeten nieuwe oplossingen gegenereerd worden. Dit gebeurt in het ontwerpen. Wanneer de gebruikelijke werkwijzen geen deugdelijke oplossingen bieden wordt er ontwerpend onderzoek gevoerd, naar nieuwe methodieken, naar nieuwe oplossingen, naar nieuwe kennis, voorbij routine en verworven structuur.

De deelname aan ontwerpwedstrijden is een beproefde methode om dat vinden aan te scherpen. Door de grote vrijheid die een dergelijke oproep doorgaans bevat zijn architectuurwedstrijden een boeiend vertrekpunt voor grensverleggende ontwerpen. De ontwerpen voor een school met woningen in Brasschaat en deze voor een technische school in Heist-op-den-Berg tonen aan hoe het opzoeken van de grenzen van de opdracht en de mogelijkheden kan leiden tot betere inzichten en vormgeving. Maar ook in verschillende andere projecten toont Jef Van Oevelen hoe het ontwerpen probleemoplossend kan werken. Een bijzonder programma, een opgelegde beperking, een afwijkende inplanting: het zijn slechts enkele van de aanleidingen om op zoek te gaan naar nieuwe (herbruikbare) architecturale kennis.

Het experimentele karakter van ontwerpen is in de eerste plaats terug te vinden in de vele ontwerpschetsen die niet gerealiseerd worden. Ook wat niet voldoet, wat het niveau van onzekerheid nog niet overstijgt, is onderdeel van het experiment. Maar echt onderzoek is gefocust op vinden, al dan niet met oog voor serendipiteit. De goede onderzoeker is diegene die vindt.

Reflectie op het ontwerpen is inherent aan de bouwpraktijk. Architecturaal ontwerpen uitbreiden vanuit een onderzoekende houding is daarenboven slechts zinvol als de gevonden kennis ook ter beschikking komt in andere contexten, vanuit andere programma's, door andere ontwerpers of voor het creëren van nieuwe kennis. Het hergebruik van die nieuwe kennis reveleert de kwaliteit ervan.

Een sterk voorbeeld van out of the box denken is terug te vinden in de medische post van het Rode Kruis in de Antwerpse haven. Het leegmaken van de oorspronkelijke constructie is geïnspireerd vanuit een gewijzigde visie op de taak en invulling van de hulppost. De architect verbindt daarmee een aangepaste circulatie wat leidt tot de installatie van een binnentuin. Activiteiten die daar eerder buiten vallen, worden gebundeld en in een aparte container als een tweede verdieping ontworpen. Ook in andere realisaties wordt ditzelfde concept toegepast.

ARCHITECTENBUREAU JVO / ARCHITECTS' OFFICE JVO

Geestenspoor, Ekeren
1981-2007

The remodelling of the house with office space is done in four phases. During each phase, portions of the existing situation are optimised. In the first phase, the house with office on the top floor is extended to the vacant lot to the left of the house. The office is partially removed from the living accommodation and given a separate entrance. The extension to the right is an enlargement of the existing house. The final phase is a further extension of the architects' office together with a separate outdoor space. This remodelling is so designed that the conversion into a house can be achieved with minimal interventions.

With each extension, the purpose is to reflect the rhythm, scale and proportions of the existing buildings in the street. The use of rendering on the facade creates a cohesive whole. The approach to home and office is organised optimally by the layout of the front garden. This transition between public and private domains is phased and attractive.

De verbouwing van de woning met praktijkruimte gebeurt in vier verschillende fases waarbij telkens delen van de bestaande toestand geoptimaliseerd worden. In een eerste fase wordt de woning met kantoor op zolder uitgebreid naar een onbebouwde grond links van de woning. Het kantoor wordt voor een deel uit het woongebeuren weggenomen en krijgt een afzonderlijke toegang. De uitbreiding rechts is een vergroting van de bestaande woning. Een laatste fase is opnieuw een uitbreiding van het architectenkantoor samen met een afzonderlijke buitenruimte. Deze verbouwing is zo opgevat dat de ombouw naar een woning met minimale ingrepen kan verwezenlijkt worden.

Bij elk van de uitbreidingen is ernaar gestreefd de ritmiek, schaal en verhouding van de bestaande bebouwing in de straat te hernemen. Het gebruik van crépi als gevelmateriaal maakt er een samenhangend geheel van. Door de aanleg van de voortuin is de benadering van woning en kantoor optimaal georganiseerd. De overgang tussen publiek en privaat domein is op een aangename, geleidelijke manier verwezenlijkt.

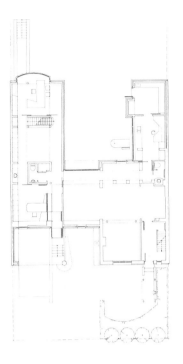

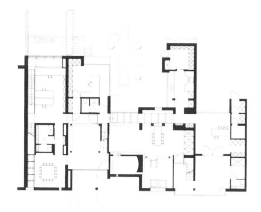

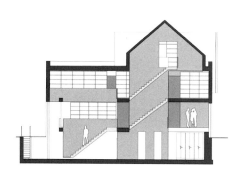

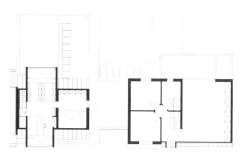

During my architectural training at the academy,

Jef encouraged me

to draw freehand

as much as possible.

I didn't realise at the time

that it remains such an important way

of doing architecture

in the midst of all the computer madness of an office.

Tom Mertens - architect, collaborator

Tijdens de architectuuropleiding aan de academie

moedigde Jef me aan

om zoveel mogelijk

met de losse hand te tekenen.

Toen besefte ik niet

dat het vandaag op kantoor,

te midden van alle computergeweld,

nog steeds een belangrijke manier zou zijn

om aan architectuur te doen.

Tom Mertens - architect, medewerker

WONING C /
HOUSE C

Lindenstraat (nu Centrumlaan), Bredene
1991-1994

The plot in Bredene where this house with dental practice is built borders on two streets and a path for pedestrians and cyclists. This meant that separate entrances could be created for the car, the home and the dental surgery.

The L-shaped building volume screens off a terrace and outdoor space and orients the living accommodation towards the south. The internal circulation is situated in the continuation of the entrance to the house. This circulation ends in a spiral staircase and constitutes the separation between the surgery and the home. With a spiral staircase at both the beginning and the end of the circulation, all areas are easy to access. On the first floor, the master bedroom is separated from the children's sleeping area by a double height space. The two parts are connected by a walkway and are accented on the exterior with a pitched roof in zinc.

The house is a creative interpretation of subdivision regulations. Since the surrounding houses are only built in one storey with a pitched roof, the municipality found that the Jef Van Oevelen project was insufficiently integrated into the neighbourhood. An appeal finally led to planning permission being obtained.

Het perceel in Bredene waar de woning met tandartsenpraktijk staat, grenst aan twee straten en een doorsteekpad voor voetgangers en fietsers. Hierdoor kon een afzonderlijke toegang gemaakt worden voor auto, toegang van de woning en toegang van de praktijkruimte.

Het L-vormig bouwvolume schermt terras en buitenruimte af en richt het leefgedeelte naar het zuiden. De binnencirculatie ligt in het verlengde van de toegang tot de woning. Deze circulatie, die eindigt in een spiltrap, maakt de scheiding tussen praktijk en woning. Door zowel aan het einde als in het begin van de circulatie een spiltrap te voorzien zijn alle ruimtes goed bereikbaar. Op de verdieping is het slaapgedeelte van de ouders van dat van de kinderen gescheiden door een dubbelhoge ruimte. Deze beide delen zijn verbonden door een passerelle en worden aan de buitenkant geaccentueerd met een schuin dak in zink.

De woning interpreteert de verkavelingsvoorschriften op een creatieve manier. Doordat de al gebouwde omliggende woningen slechts één bouwlaag met schuin dak toepasten vond de gemeente dat het project van Jef Van Oevelen zich onvoldoende 'integreerde' in de wijk. Mits een beroepsprocedure kon uiteindelijk toch een vergunning bekomen worden.

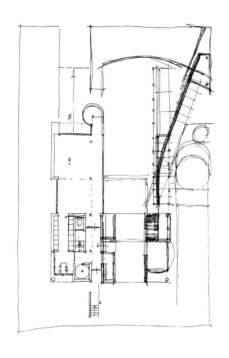

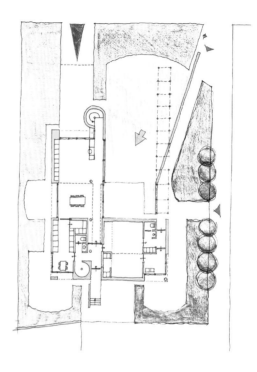

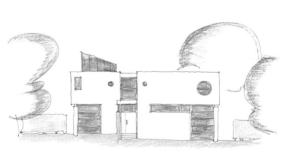

MEDISCHE POST RODE KRUIS / RED CROSS MEDICAL POST

Kaai 142, Antwerpen
1997-2000

The renovation of the Red Cross medical post in the port of Antwerp, known by its location as Kaai 142, was inspired by a functional redesign. The different routes for patients, emergency cases, ambulances and services are carefully worked out and form the basis for the layout and volume. Furthermore, the project calls for the location and the building to be made identifiable by their purpose: a reference point in the expanse of the harbour area.

The former main payment office is opened up into the roof and has a central patio around which all other activities are arranged logically. This atrium separates the different elements but creates an atmosphere of trust and transparency.

The necessary extension to the building volume is achieved through the placing of two quasi-independent boxes on top of the existing building that in form and materials reference shipping containers. At the back, a full width closed box is designed to serve as archive and storage. On the street side, there is a new meeting room based on galvanised steel and glass. This volume refers to the navigation bridge of a ship and features a beautiful wooden terrace with a packet boat railing and ladder shaft. The meeting room accentuates the entrance to the building. From the street level, an almost blind wooden wall leads to the main access.

De renovatie van de urgentiepost van het Rode Kruis in de Antwerpse haven, gekend onder zijn locatie op Kaai 142, werd geïnspireerd vanuit een functionele hertekening. De verschillende routes voor patiënten, spoedgevallen, ziekenwagen en diensten worden zorgvuldig uitgewerkt en zijn zo de basis voor de vormgeving naar plan en volume. Daarenboven is er de opdracht om de locatie en het gebouw herkenbaar te maken vanuit de functie, een referentiepunt in de uitgestrektheid van de havenbuurt.

Het vroegere centrale betaalloket wordt doorgebroken tot in het dak en krijgt een centrale patio, waarrond alle verdere activiteiten logisch met elkaar zijn geïntegreerd. De binnentuin maakt een scheiding tussen de onderscheiden elementen, maar zorgt voor vertrouwen en transparantie.

De noodzakelijke uitbreiding van het bouwvolume wordt gerealiseerd door het plaatsen van twee quasi onafhankelijke dozen, onder meer door vorm en materiaalgebruik refererend naar havencontainers, bovenop het bestaande gebouw. Aan de achterzijde wordt over de volle breedte een gesloten doos ontwikkeld die dienst doet als archief en berging. Aan de straatzijde komt er een nieuwe vergaderruimte waarin gegalvaniseerd staal en glas de basismaterialen zijn. Dit volume verwijst naar de navigatiebrug op een zeeschip en krijgt daarenboven een mooi houten terras met een pakketbootreling en ladderkoker. De vergaderzaal accentueert de toegang tot het gebouw. Vanop straatniveau leidt een quasi blinde houten wand naar de belangrijkste toegang voor de gebruikers.

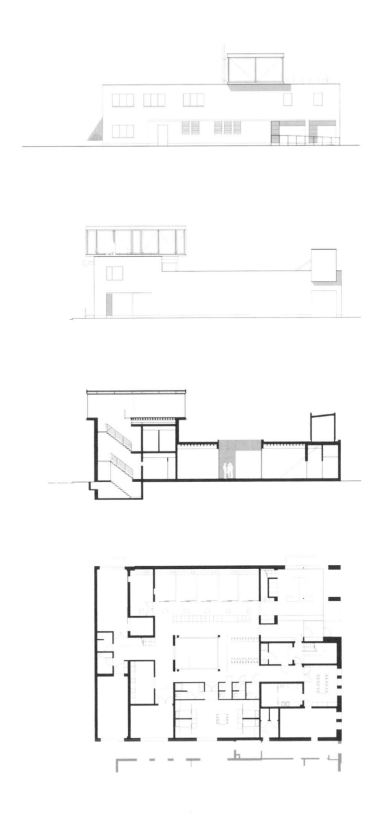

**WONING V /
HOUSE V**

Bremlaan, Kapellen
1998

The existing house, a typical late 60s bungalow with all the rooms on the ground floor, was renovated and extended. The original organisation and volume of the building is retained and the new volume forms a congruous addition on top of the existing garage. This volume contains an office with bedroom and bathroom and adjoining terrace.

Since the house was inhabited during the remodelling, the ground floor intervention was kept to a minimum with the sacrifice of only one space. There were two interventions: the staircase was added by way of an existing window opening and the doorway to this space was enlarged to make the staircase visible from the entrance hall. The vertical circulation is accented on the exterior with a coating of red sheeting.

In order to minimise the load on the existing garage walls, the upper building has a steel skeleton. For the same reason, the facade cladding is wood panelling with aluminium window infills.

De bestaande woning, een typische bungalowwoning uit de late jaren 60 met alle ruimtes op het gelijkvloers, wordt gerenoveerd en uitgebreid. De organisatie en het volume van de bestaande woning worden behouden en het nieuwe volume wordt bovenop de bestaande garage op een herkenbare wijze toegevoegd. Dit volume bevat een bureau met slaap- en badkamer met aanpalend terras.

Doordat de woning bewoond bleef tijdens de verbouwing, werd de ingreep op het gelijkvloers minimaal gehouden en om dezelfde reden wordt op gelijkvloers slechts één ruimte opgegeven. Hierin gebeuren twee ingrepen: de trap wordt voorzien door een reeds bestaande raamopening en de deuropening naar deze ruimte wordt vergroot om het vertrek van de trap zichtbaar te maken vanuit de inkomhal. De verticale circulatie wordt langs buiten geaccentueerd door een bekleding van rood plaatmateriaal.

Om de belasting op de bestaande garagemuren minimaal te houden, werd de bovenbouw gedeeltelijk geconstrueerd in een staalskelet. Om dezelfde reden werd de bekleding van de gevel uitgevoerd in houten betimmering met invullingen van ramen in aluminium.

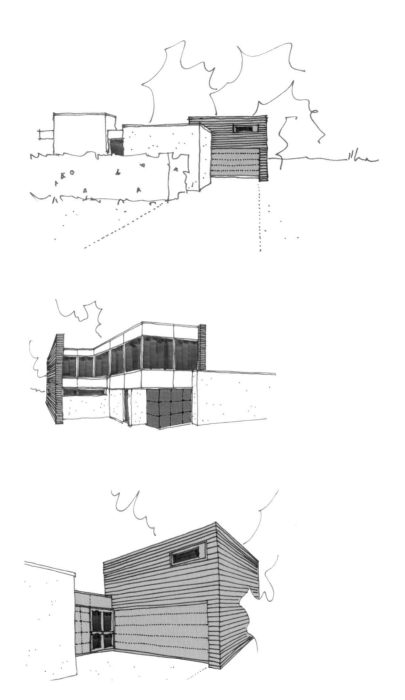

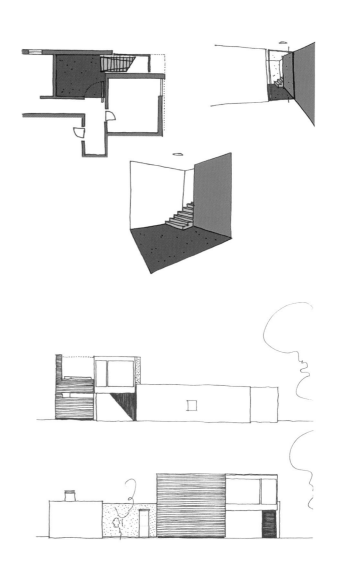

BIBLIOTHEEK / LIBRARY

Schoolstraat, Zemst
1999-2008

The architecture competition for the building of the municipal library was part of an urban development study for the entire area. The call for a new central square for the town of Zemst was an important part of this study. The library, an essential element of this square, was realised. Further urban development was, in accordance with the competition scenario, assigned to others.

The street facade of the library is positioned on the front building line for maximum enclosure of the proposed square. The facade on the square (north side) is as open as possible while the facade on the street is rather closed. The rear elevation is completely open and looks on to a simple garden that visually links with the greenery of the residential area and churchyard located behind it.

The first floor of the library resembles a closed box suspended in the space and provides double height rooms that offer plenty of light and views. The library and associated services and the multi-purpose hall can be used independently from each other.

De architectuurwedstrijd voor de bouw van de gemeentelijke bibliotheek was een onderdeel van een stedenbouwkundige studie voor de ganse omgeving. De vraag om een nieuw centraal plein voor de gemeente Zemst was een belangrijk onderdeel van deze studie. De bibliotheek, een essentieel element op dit plein, werd gerealiseerd. De verdere stedenbouwkundige ontwikkeling werd volgens het wedstrijdscenario toegewezen aan anderen.

De straatgevel van de bibliotheek is op de rooilijn geplaatst om een maximale omsluiting van het voorgestelde plein te bekomen. De gevel aan het plein (noordzijde) wordt zo veel mogelijk open gemaakt terwijl de gevel aan de straatzijde eerder gesloten is. De achtergevel is volledig opengewerkt en kijkt uit op een eenvoudige binnentuin die aansluiting vindt met het omliggende groen van de achterliggende woonwijk en het kerkhof.

De eerste verdieping van de bibliotheek is als een gesloten doos in de ruimte gehangen waardoor er dubbelhoge ruimtes ontstaan die veel licht en doorzicht brengen. De bibliotheek en bijhorende dien-sten en de polyvalente zaal kunnen gescheiden van elkaar gebruikt worden.

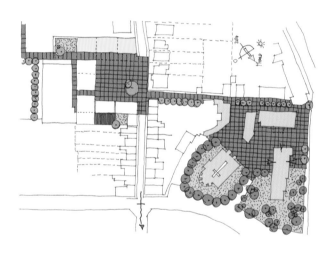

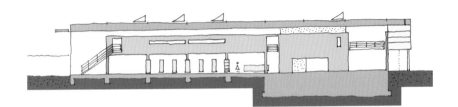

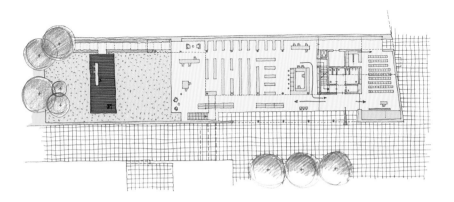

GARAGE M /
GARAGE M

Brasschaatsesteenweg, Kalmthout
2002-2008

Marcel Meeusen started a car business with workshop back in 1949: the seeds of the current Meeusen BMW garage. Over time, a series of remodellings and extensions were undertaken until in 1994 the entire premises had a major overhaul.

In 2002, Jef Van Oevelen is brought in as architect. A number of important conditions are laid down from the start of the design discussions. The entire showroom would have to meet BMW standards: the building may not divert attention from the cars, hence an economical use of colour. The garage would have to be legible to all the visitors: anyone should immediately be able to see where they should proceed and with whom they can speak. Another important issue for the design and realisation is the requirement that the garage and showroom remain operational during the works.

Contrasting materialities are employed for the existing and new portions of the construction. The existing part is completely open: the pillars reflect the structure. The new section is more closed. This is partly due to planning regulations but it presents an opportunity to create a cynosure. The calculated, well-dimensioned glass volume is positioned against the closed block as though a jewellery box for two cars.

Large glass windows on the south and west elevations have fixed blinds within a steel construction. In addition to the concern for energy management, these visually scale-down the large volume to a human scale.

Internal circulation on the first floor occurs via an open walkway. This also connects the existing, refurbished offices with the new ones. This line runs visually into the showroom and thus subtly creates a strong dynamic. Interior views allow contact and control opportunities for the reception desk, sales office and management. Great attention is paid to the comfort of clients in the waiting areas. One section is furnished as a luxurious living room and another as an internet corner that provides the space to work.

Al in 1949 begon Marcel Meeusen een handel in motoren met bijhorende werkplaats: de kiem van de actuele BMW-garage Meeusen. Verbouwingen en vergrotingen volgden elkaar op en in 1994 werd een belangrijke verbouwing van het hele bedrijf uitgevoerd.

Vanaf 2002 wordt Jef Van Oevelen ingeschakeld als architect. Van bij het begin van de ontwerpbesprekingen worden een aantal belangrijke randvoorwaarden geformuleerd. De volledige toonzaal dient namelijk aangepast te worden aan BMW-standaarden. Zo mag het gebouw de aandacht niet afleiden van de auto's: vandaar het zuinige kleurgebruik. De garage moet leesbaar zijn voor elke bezoeker, iedereen moet onmiddellijk kunnen zien waar en bij wie hij terecht kan. Een ander belangrijk punt bij ontwerp en realisatie was de eis dat de garage en toonzaal tijdens de werken moesten blijven functioneren.

Bestaand en nieuw gedeelte worden verschillend gematerialiseerd. Het bestaande gedeelte is volledig opengewerkt; de aanwezige kolommen geven duidelijk de structuur weer. Het nieuwe gedeelte is meer gesloten. Dit is deels het gevolg van de stedenbouwkundige voorschriften, anderzijds geeft dit de mogelijkheid te werken met een 'blikvanger'. Tegen dit gesloten blok wordt immers een weloverwogen en gedimensioneerd glazen volume voorzien. De aparte glazen box als eyecatcher vormt het juwelendoosje voor twee auto's.

De grote glaspartijen worden langs de zuid- en westgevel voorzien van een vaste zonwering binnen een stalen structuur. Naast de zorg voor de energiebeheersing houdt dit, niettegenstaande de omvang van het volume, de schaal van het gebouw visueel op mensenmaat. De interne circulatie op de verdieping gaat via een opengewerkte passerelle. Deze verbindt de bestaande, gerenoveerde kantoren met de nieuwe. Deze lijn loopt visueel door in de toonzaal en zorgt zo op een subtiele manier voor een sterke dynamiek. De interne zichten geven contact en controlemogelijkheden voor de receptie, verkoopkantoor en directie.

Veel aandacht is besteed aan het comfort van de klanten in de wachtruimten. Een deel is als luxueus salon ingericht; een andere ruimte als internetcorner die de mogelijkheid biedt te werken.

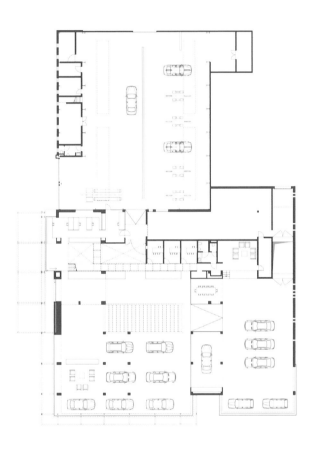

Old and new were fused to create a showroom

with a warm ambience and original appearance.

The showroom is presented like an open jewellery box and,

in addition, also functions as a meeting space

for activities that involve networking.

Pierre Meeusen - concession holder BMW Kalmthout

Oud en nieuw werden samengebracht

in een showroom met een warm karakter en aparte uitstraling.

De toonzaal presenteert zich als een geopend juwelenkistje

dat daarenboven ook kan fungeren

als ontmoetingsruimte voor activiteiten

waarbij netwerking centraal staat.

Pierre Meeusen - concessiehouder BMW Kalmthout

KANTOORGEBOUWEN AG / OFFICE BUILDING AG

Deurganckdok, Beveren
2003-2006

In the world apart of the giant Deurganckdok (dock), the fresh, striking contemporary architecture of the Antwerp Gateway buildings really stands out. With 2 kms of quay and 95 hectares of container yards, the company handles 1.8 million containers every year.
The buildings for this surreal location are designed with regard for the users and their environment, on a human scale and with reference to daily life: the size of the buildings and the use of red brick, galvanised metal and wood. Staff and workers enjoy wide views of the terminal and its activities, of the harbour and of the landscape.
The project called for a special system of separate routes for lorry drivers, lorries, customs control and dispatchers. The two buildings delimit the entryways for transport by container truck.

The administrative building is designed as a link between the lorry drivers and the Antwerp Gateway administrative department. The use of colour in the interior is austere and all the concrete is left visible. But there are accent colours. A few walls are painted in bright colours and some of the furnishings are also produced in vibrant hues.
Louvres are provided for the large glazed facade resulting in a constant non-interfering light source. A bridge over the terminal gate ensures a safe passage to the building.

The drivers' dispatchers' building has a suspended section over the road and a height difference. This variation is capitalised on to create a building 'in the air'. The building is entered through the

Door de frisse, opvallend hedendaagse architectuur springen de gebouwen van Antwerp Gateway in het oog in de aparte wereld rond het gigantische Deurganckdok in de Antwerpse haven. Het bedrijf met 2 km loskade en 95 ha stapelruimte verwerkt jaarlijks 1,8 miljoen containers.
De gebouwen in deze surrealistische havenwereld zijn ontworpen met aandacht voor de gebruiker en zijn omgeving, op mensenschaal en met referentiepunten naar het dagelijks leven: de grootte van de gebouwen, de materiaalkeuze van rode baksteen, gegalvaniseerd metaal en hout. Bedienden en arbeiders genieten van ruime zichten op de terminal met zijn activiteiten, op de haven en het weidse landschap.
Het bijzonder programma van gescheiden routes voor truckers, trucks, douanecontrole en dispatchers moest opgelost worden in de opdracht. De twee gebouwen begrenzen de 'toegangspoorten' van het transport per containervrachtwagen.

Het administratief gebouw is ontworpen als verbinding tussen de vrachtwagenchauffeurs en de administratieve dienst van de Antwerp Gateway. Het kleurgebruik in het interieur is sober en al het beton is zichtbaar gelaten. Wel zijn er verschillende kleuraccenten aanwezig. Een aantal muren is in een felle kleur geverfd en ook een deel van de meubels en kasten werd in hevige kleuren uitgevoerd. Voor de grote glazen gevel zijn er lamellen geplaatst waardoor er een constante niet storende lichtbron ontstaat. Via de brug over de vrachtwagentoegang is er een veilige doorgang naar het gebouw.

Het gebouw voor de driversdispatch heeft een hangend gedeelte over de weg en een hoogteverschil. Van dit verschil is er gebuikt gemaakt om het gebouw als het ware in de lucht te creëren. Men betreedt het gebouw via het laagste deel en gaat via een buitentrap naar boven. Op de tweede verdieping bevinden zich omkleedruimtes en een bureau. Vanaf dit niveau is er zicht op heel het havengebeuren. Via de andere zijde kan men het gebouw verlaten. Op de gelijkvloerse en eerste verdieping zijn de technische ruimtes en bergingen ondergebracht. De buitentrap wordt deels afgeschermd via een matglazen gevel die het gebouw een bijzonder accent geeft. Het gebouw wordt langs de twee langste zijden nog geaccentueerd door een overstekende metalen constructie waardoor het gebouw eenvoudig in elkaar lijkt te passen.

lower section and then via an outside staircase to the upper part. The second floor houses changing rooms and an office. There is a view over the entire harbour from this level. The building can be exited from the other side. The technical rooms and storage rooms are to be found on the ground and first floors. The exterior staircase is partially screened by a frosted glass facade that forms a feature of the building. Along the two longest sides, the building is further accentuated by an external metal construction that feels like a frame into which the building has been poured.

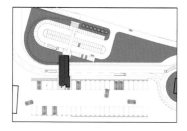

Drivers Dispatch Building /
2003

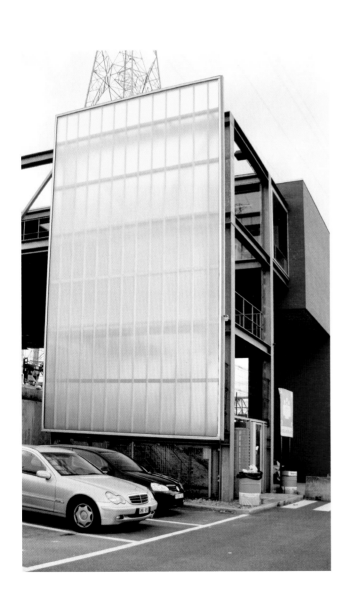

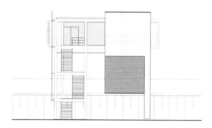

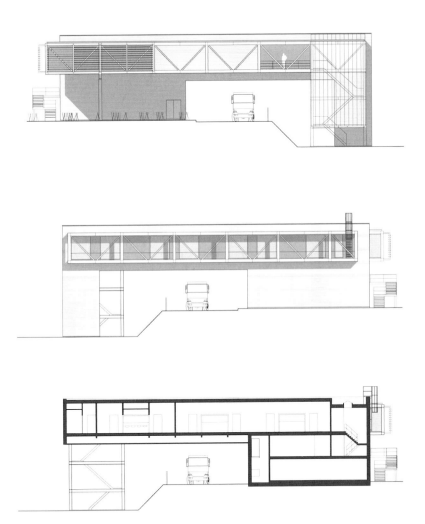

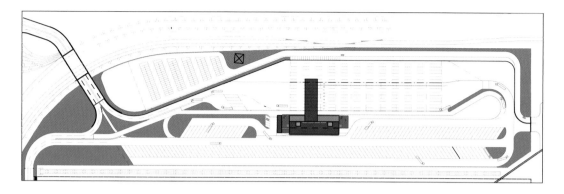

Administration Building /
2003

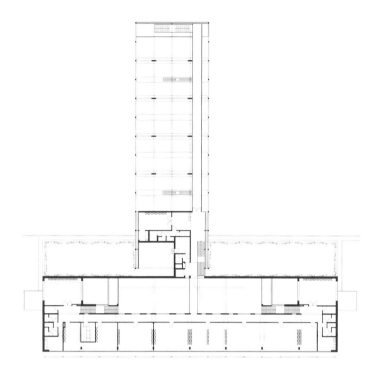

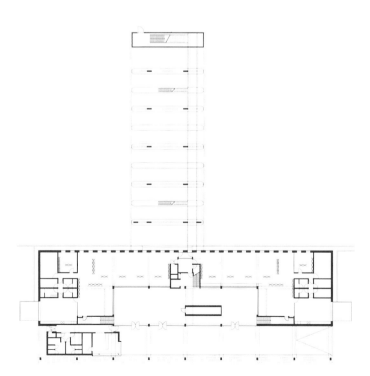

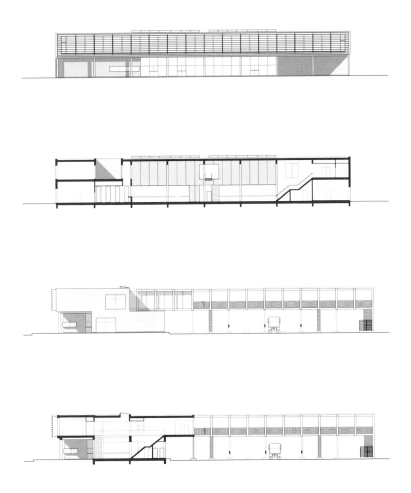

It isn't so much the building that's important

but rather the people who live and work in it

as well as the environment in which the new building is erected.

Starting from this shared vision

between principal and architect,

Jef Van Oevelen proved

that one can go further than pure functionality

even in the 'rough' environment of the port of Antwerp.

After all, most employees spend more time

at their workplace than at home.

Eric Noterman - CEO group Van Moer

Niet zozeer het gebouw op zich is belangrijk,

het gaat veeleer over de mensen die er werken en vertoeven

alsmede over de omgeving waarin het nieuwe gebouw wordt opgetrokken.

Vertrekkend van deze gedeelde visie

van bouwheer en architect

bewees Jef Van Oevelen dat men,

ook in de 'ruwe' omgeving van de Antwerpse haven,

verder kan gaan dan louter functionaliteit.

Tenslotte brengen de meeste werknemers

meer tijd door op hun werkplek dan thuis.

Eric Noterman - CEO group Van Moer

RENOVATIE KAPEL /
CHAPEL RENOVATION

Steenstraat, Ekeren
2007

The spatial qualities of the chapel, largely obscured by later additions of false walls and ceilings, required a respectful restoration. The interior remodelling needed to prepare the building for a number of new functions, including as a conference, exhibition and meeting space. The original walls, complete with mouldings and barrel vaulting, were exposed by dismantling the non-authentic elements. The new purposes for the building required the addition of toilet facilities, a kitchen and the updating of all the technical fixtures.

The nave with its four ornate cast iron pillars is restored to its former spatial simplicity. The main door and window above on the north wall emphasise the axis of the building. The western transept was closed off and fitted with toilets and a kitchen on the ground floor and a meeting room above. There is a second meeting room on the first floor of the eastern transept. This room is a very slimline, suspended steel construction and has a wall of U-profile glass. Light from the three outside windows can thus penetrate the meeting room and the chapel itself.

The western section was conceived as an acoustic box. An insulated timber frame was finished on the outside with wooden rafters to provide sound absorbent material opposite the glazed wall. Laminated glass with concealed profiles was applied between the wooden box and the original walls.

De ruimtelijke kwaliteiten van de kapel, in belangrijke mate verdoezeld door niet oorspronkelijke valse wanden en plafonds, moesten in eer worden hersteld. De interne verbouwing diende het gebouwtje bruikbaar te maken voor een aantal nieuwe functies als onder meer vergader-, tentoonstellings- en ontmoetingsruimte. De bestaande muren met bijhorende mouluren en het tongewelf werden terug zichtbaar gemaakt door de ontmanteling van de niet-authentieke elementen. Ook was er met de nieuwe functies nood aan een sanitair gedeelte, een keuken en de vernieuwing van alle technieken.

De middenbeuk met vier sierlijke gietijzeren zuilen is in al haar ruimtelijke eenvoud hersteld. De toegangsdeur en boven geplaatst raam aan de noordzijde beklemtonen de as van het gebouw. De westelijke zijbeuk werd afgesloten en kreeg beneden sanitair en een keuken, boven kwam een vergaderruimte. In de oostelijke zijbeuk is er op de verdieping een tweede vergaderruimte. Deze zaal is een uiterst slanke, hangende staalstructuur en heeft een wand van glazen U-profielen. Zo kan het licht van de drie buitenramen in deze vergaderzaal tot in de binnenruimte doordringen.

Het westelijke deel werd opgevat als een akoestische doos. Een houtskelet met isolatie werd langs de buitenzijde afgewerkt met houten kepers om akoestisch absorberend materiaal aan te bieden tegenover de glazen wand. Tussen de houten doos en de oorspronkelijke muren werd gelaagd glas in verdoken profieltjes geplaatst.

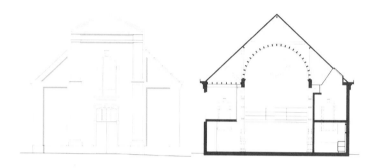

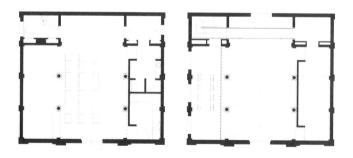

LAGERE SCHOOL MET WONINGEN / ELEMENTARY SCHOOL WITH ACCOMMODATION

Wedstrijdontwerp
Architecture competition submission
Annadreef - Molenweg - Jacobuslei, Brasschaat
2008

The assignment specifies a kindergarten and elementary school, a child day care, residential units, bicycle stalls and a car park.
The competition instructions specify that an existing school building will be demolished and a very rudimentary sports hall situated in a corner of the building area will be retained. The land is located in a residential area with the grounds extending to 1.6 hectares. There are no mandatory building codes. The property borders on three roads and therefore has three entrances.

The design starts from the premise that the land occupation should be minimal and the woods and most valuable trees preserved as far as possible for the benefit of the entire environment. There are two main sections to be distinguished in the plan. On the one hand, a public element, the school, and on the other a private element, the houses. The plan is therefore handled in two parts. The residential units are grouped on Molenweg in order to reserve the interior area for the school.
The project area is divided into 4 separate zones: the housing, the child day care, the kindergarten and elementary and the existing sports hall (preferably replaced) with housing and parking. To provide adequate privacy for the people living in the neighbourhood, the homes are oriented to the street side in so far as it is possible and the playgrounds enclosed to form a sound barrier.
The facades are designed in brick with plaster accents for recessed elements. The galleries are built of steel and polycarbonate and the cellar and underground car park are realised in concrete.

The design is positive in its creation of more space and more light. The entire grounds is given a new dimension with regards to the neighbourhood with the radical - and in terms of the competition, non-compliant - decision to demolish the existing, ugly and poorly positioned sports hall in order to replace it with one that is harmonious with the overall plan.

De opdracht vermeldt een kleuter- en lagere school, kinderopvang, wooneenheden, fietsenberging en parking.
De gegevens voor de wedstrijd zijn: een bestaand schoolgebouw wordt afgebroken en een zeer rudimentaire sporthal op een hoek van het bouwterrein moet blijven bestaan. Het terrein is gelegen in een woonzone in een binnengebied van 1,6 ha. Er zijn geen bindende bouwvoorschriften. Het terrein raakt aan drie omliggende straten, en heeft zo drie toegangen.

Het uitgangspunt van het ontwerp is om tot een minimale terreinbezetting te komen en het bosgebied en de meest waardevolle bomen zo veel mogelijk te behouden, dit ten voordele van de gehele omgeving. Vertrekkend vanuit het programma zijn twee grote delen te onderscheiden. Enerzijds een publiek deel, de school, en anderzijds een privaat deel, de woningen. Het programma is dan ook als dusdanig verwerkt. De woongelegenheden worden aan de Molenweg gegroepeerd om het binnengebied te vrijwaren voor de school.
Het projectgebied word opgesplitst in 4 gescheiden zones: de woningen, het kinderdagverblijf, de kleuter- en lagere school en de bestaande sporthal (liefst te vervangen) met woningen en parking. Om de omwonenden voldoende privacy te garanderen worden de woningen zo veel mogelijk gericht op de straatzijde en zijn de speelplaatsen zo veel mogelijk omsloten als geluidsbarrière.
De gevels worden ontworpen in baksteen en de inspringende delen worden geaccentueerd door pleisterwerk. De gaanderijen worden opgetrokken in staal en policarbonaat en de kelder en ondergrondse parking worden gerealiseerd in beton.

Positief aan het ontwerp is het creëren van meer ruimte en meer licht. Omdat de ontwerper radicaal – en tegen de voorwaarden van de wedstrijd in – kiest voor de afbraak van de bestaande, lelijke en slecht geplaatste sporthal en die vervangt door een in het geheel passend nieuwe hal, krijgt het volledige terrein een andere dimensie tegenover de buurt.

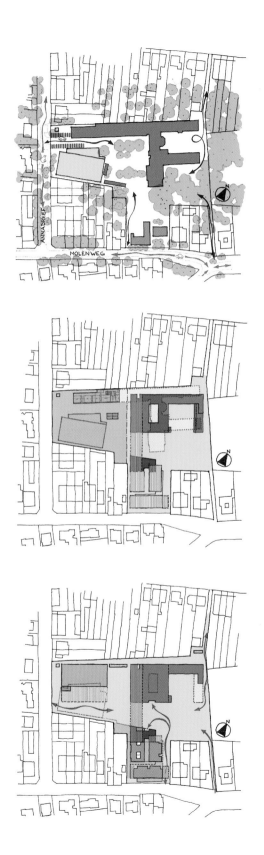

**WONING R /
HOUSE R**

Maurits d' Hollanderstraat, Kruibeke
2009

The detached house is situated in a recent development in the middle of an S-curve. The ground is therefore a corner plot with two street facades. To limit the volume in consonance with the residential area, the house was designed with a major underground component.

Along with a technical room and storage room, the cellar level houses an attractive music room with natural light from the west by means of a patio/courtyard and an adjoining recording studio. Above that, on the ground floor, is the living room and kitchen, which are amply lit by large windows that also face west. The entrance, stairwell and several storage spaces are accessed from the carport. The patio extends to become a terrace. On the first floor, which extends across the carport, there are four bedrooms and two bathrooms. A large south-facing glass wall above the carport provides light for the open office space adjacent to two of the bedrooms and thus also for the circulation to the other bedrooms and bathrooms.

This home manifests itself as a rather modest and, to the neighbours, closed box. Yet abundant light is created from many unexpected angles.

De vrijstaande woning is gelegen in een recente verkaveling, net midden een S-bocht. De bouwgrond is daardoor deze van een hoekperceel met twee straatgevels. Om het volume beperkt en ingepast te houden in de verkaveling werd de woning uitgevoerd met een grotendeels ondergronds programma.

De kelderverdieping heeft behalve technische ruimte en berging, een sfeervolle muziekkamer, via een patio/Engelse koer voorzien van daglicht vanuit het westen, en een aansluitende opnamestudio. Daarboven, op het gelijkvloers, liggen de leefruimte en keuken, door de grote ramen die ook op het westen zijn georiënteerd, ruim verlicht. Ter hoogte van de carport bevinden zich de toegang, de trapzaal en enkele bergingen. Een terras ligt in het verlengde van de Engelse koer. Op de eerste verdieping, die zich ook uitstrekt boven de carport, zijn er vier slaapkamers en twee badkamers. Een grote zuidelijke glaswand boven de carport verlicht de open bureauruimte bij de twee slaapkamers daar en zo ook de aansluitende circulatie naar de andere slaap- en badkamers.

Deze woning manifesteert zich als een eerder bescheiden en naar de buren toe erg gesloten doos. Toch wordt er overvloedige lichtinval gecreëerd vanuit vele en onverwachte hoeken.

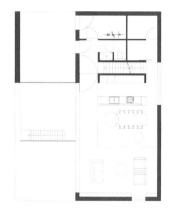

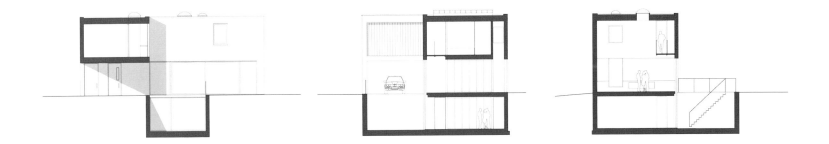

TECHNISCHE SCHOOL /
TECHNICAL SCHOOL

Frans Coeckelbergstraat, Heist-op-den-Berg
2010-2014

The project to extend the KTA technical school in Heist-op-den-Berg was the result of an open call by the Vlaamse Bouwmeester (Flemish Government Architect).

The footprint of the school buildings was largely determined by the imposed front building line on Eglantierstraat. The form of the building and its location at the furthest point south of the available grounds creates a wonderful open space. This courtyard between the old and the new buildings screens a new playground from the street. At the same time, sufficient greenery was safeguarded to form a link with the fairly green area of detached houses.

The openness that was planned in the initial designs is not elaborated in the final design due to considerations of safety and acoustics. The architecture is (from the outside) made clearly legible. The building stands on a brick plinth course that dovetails with the surrounding buildings. The upper structure is executed in fibre cement slabs that frame the inset glazed plane of the workshops and ensure optimum light incidence. A steel walkway makes the link with the existing building.

The execution will start in late 2014.

De opdracht voor de uitbreiding van de technische school KTA in Heist-op-den-Berg kwam tot stand via een Open Oproep van de Vlaamse Bouwmeester.

Voor de inplanting van de schoolgebouwen bleven er weinig opties over door de opgelegde bouwlijn langs de Eglantierstraat. Door de vorm van het gebouw en de plaatsing ervan aan de uiterste zuidzijde van het beschikbare terrein te voorzien, ontstaat er een mooie binnenruimte. Dit binnenplein tussen oud en nieuw gebouw schermt een nieuw binnenspeelplein af van de straat. Tegelijkertijd wordt er voldoende groen gevrijwaard om aansluiting te vinden bij de eerder groene omgeving van vrijstaande woningen.

De openheid waarnaar in de eerste voorontwerpen wordt gestreefd is niet uitgewerkt in het definitief ontwerp omwille van veiligheid en akoestiek. De architectuur is (van buiten uit) duidelijk leesbaar gemaakt. Het gebouw staat op een bakstenen sokkel waardoor het aansluit bij de omliggende gebouwen. De bovenstructuur is uitgevoerd in vezelcementplaten die het dieper liggende raamvlak van de werkplaatsen omkadert en zorgt voor een optimale lichtinval in de werkplaatsen. Met een passerelle in staal wordt de verbinding gemaakt met het bestaande gebouw.

De uitvoering van deze uitbreiding is voorzien in het najaar 2014.

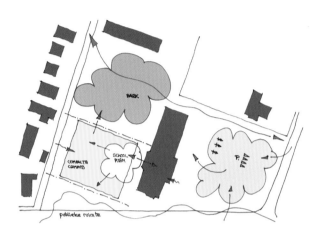

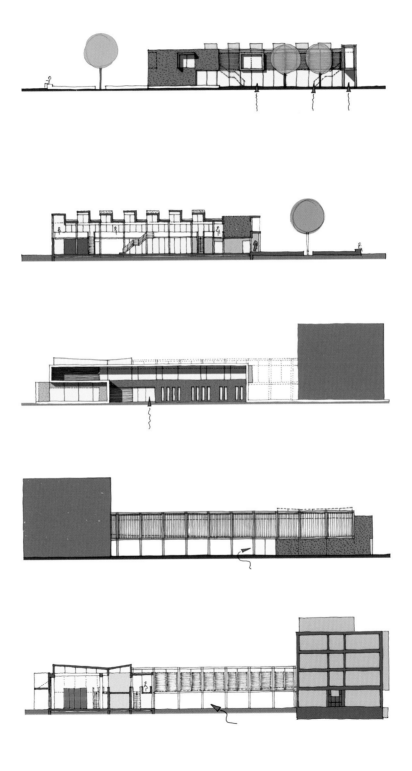

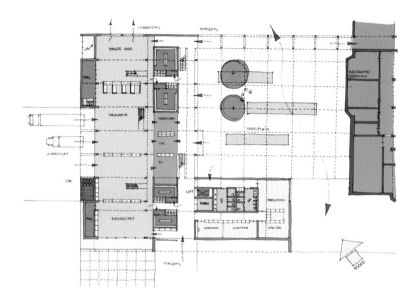

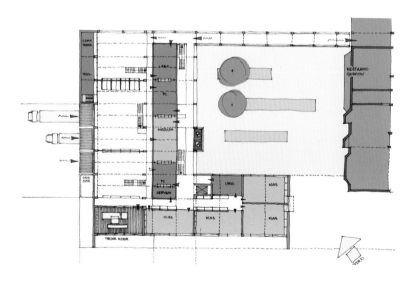

The starting point

was an old convent

in Kiel, Hoboken.

Jef Van Oevelen transformed

our uninviting, dated kitchen

- very important in our house -

into a warm, comfortable and practical space.

A cold conference room was turned into

a fresh, convenient and homely visiting room.

We are glad that our paths crossed

because it was clear

that he cares about The House.

Andrea Croonenberghs - neutral visiting space vzw Het Huis

Een oud klooster

op Het Kiel in Hoboken

was het vertrekpunt.

Onze ongezellige, ouderwetse keuken

– zeer belangrijk in elk huis –

herschiep Jef Van Oevelen in een warme,

comfortabele en praktische ruimte.

Een kille vergaderzaal toverde hij om

tot een frisse, gerieflijke en huiselijke bezoekruimte.

Wij zijn blij dat ons pad het zijne mocht kruisen

en dat hij Het Huis een warm hart toedraagt.

Andrea Croonenberghs - neutrale bezoekruimte vzw Het Huis

DIENSTENGEBOUW CEPA / SERVICE BUILDING CEPA

Zomerweg - dok 410, Antwerpen
2006-2012

Design, colour and architecture appear to be utterly irrelevant in the dockland area of the port of Antwerp. It is, therefore, a pleasant surprise to encounter the CEPA building on Zomerweg, a remodelling of existing buildings with additions by Jef Van Oevelen. CEPA is a private employers' organisation for cargo handlers and dockworkers in the port of Antwerp. The organisation is focused on customers and services and delivers services for workforce management, safety, training, provision of equipment and assistance. CEPA wants more than ever to be an organisation that thinks, feels and acts from a services perspective.

Existing garages were converted and extended to a limited extent to become a canteen for dockworkers and instructors from the training centre. In addition, new administrative offices for the safety and prevention service were built. These are premises that need to be clearly visible in the harbour, with a degree of transparency and a welcoming atmosphere for everyone, from dockworker to port employer.

The building was positioned at a height, both to keep the footprint as small as possible given the shortage of parking spaces and to provide a good view of the port activities, thereby increasing identification with the environment. The ground floor volume incorporates the entrance foyer, the changing room, the archive and the technical room. The floating volume two floors above houses a few office areas that are connected to the entrance foyer by a staircase. The first floor consists of an open plan office where most of the workstations are located. The second floor of the building is equipped with one small and one large conference room and a dining room that can be used as a third meeting room. The small conference room is also used as a temporary office when discretion is required.

The location and the large areas of glass provide the offices with sweeping views of the surroundings. For the facades, industrial

Langs de dokken in de haven van Antwerpen lijkt vormgeving, kleur of architectuur totaal onbelangrijk. Het is dan ook een verademing op de Zomerweg het verrassende gebouw van CEPA te ontmoeten, een verbouwing en uitbreiding van bestaande gebouwen naar een ontwerp van Jef Van Oevelen. CEPA is de private werkgeversorganisatie van de goederenbehandelaars van de haven van Antwerpen en hun havenarbeiders. Voor de uitvoering hiervan levert CEPA diensten rond personeelsbeheer, veiligheid, opleiding, uitrusting en hulpverlening met een grote klant- en servicegerichtheid. CEPA wil dus meer dan ooit een organisatie zijn die denkt, voelt en handelt vanuit een servicegedachte.

Bestaande garages werden omgebouwd en beperkt uitgebreid tot een schaftlokaal voor havenarbeiders en monitoren van het opleidingscentrum. Hierbij werden nieuwe lokalen voor de administratie van de dienst veiligheid en preventie gebouwd. Een kantoorgebouw dat duidelijk zichtbaar in de haven aanwezig moet zijn, met een zekere transparantie en uitnodigend voor iedereen, van havenarbeider tot havenwerkgever.

Het gebouw werd in de hoogte geplaatst, enerzijds om de voetafdruk zo klein mogelijk te houden gezien het tekort aan parkeerplaatsen, en anderzijds om een goed zicht te bieden op de havenactiviteiten, waardoor de betrokkenheid met de haven alleen maar vergroot wordt. In het gelijkvloerse volume van het kantoorgebouw zijn de inkomhal, de kleedkamer, het archief en het lokaal voor de technieken ondergebracht. In het zwevend volume van twee verdiepingen erboven zijn enkel kantoorfuncties ondergebracht die d.m.v. van een trap in verbinding staan met de inkomhal. De eerste verdieping bestaat uit een open kantoor waar zich vooral de werkplekken situeren. De tweede verdieping van het gebouw is voorzien van een kleine en een grote vergaderruimte en een eetruimte, die eveneens als vergaderruimte dienst kan doen. De kleine vergaderruimte wordt ook gebruikt als tijdelijk kantoor wanneer discretie gewenst is.

Door de ligging en de grote glasvlakken biedt het kantoor een ruim uitzicht over de omgeving. Voor de gevels werden industrieel ogende materialen aangewend zoals gegalvaniseerd staal voor de structuren, aluminium buitenschrijnwerk met superisolerende beglazing voor de glasvlakken en een antracietkleurige gevelbaksteen. In het interieur krijgt de trapfunctie een accent door heldergroen geschilderde muren. Kantoren en vergaderruimten ontvangen heel veel daglicht en komen ontzettend aangenaam over in de sombere havenomgeving.

materials were employed, such as galvanised steel for the structures, aluminium exterior joinery with ultra-insulating glass for the glazed surfaces and an anthracite-coloured brick. Inside, the staircase is accented with bright green walls. Offices and meeting rooms are flooded with natural light and create a very pleasant impression within a bleak harbour landscape.

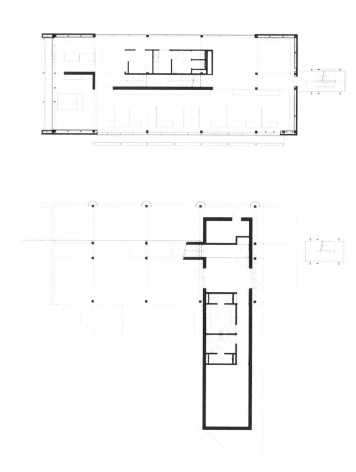

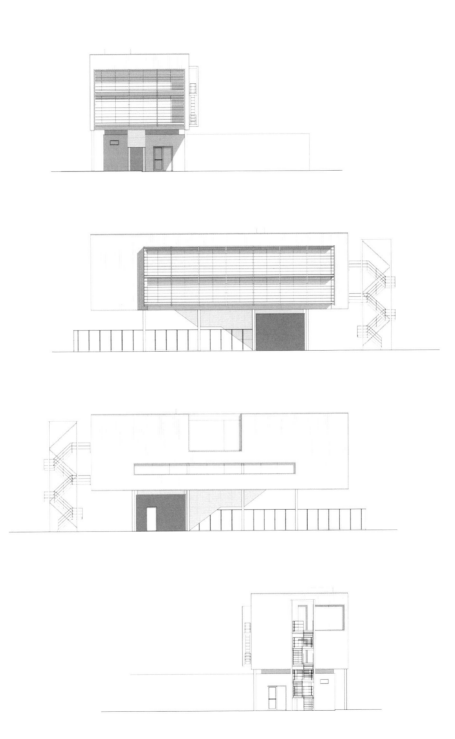

SENSING THE SCALE

4

Interactions between building volume, footprint, infill development and space perception are intensively explored and also successfully executed by Jef Van Oevelen. Scale manifests itself in the construction programme, the environment and the interaction with the environment, among other elements. So sensing the scale involves far more than exploring the size. Programmatic aspects, functionality and perceptibility also play a role.

The architect does not allow himself to be confined by the dictates of human scale, such as that propounded by Protagoras in the fifth century BC ("Man is the measure of all things") or even more explicitly by Le Corbusier with his 'Modulor'. For Jef Van Oevelen, human scale is more about the appropriate environment in which to circulate, to function. It largely concerns a perception scale, not anthropometry. For this reason, he employs architechtonic dualities, such as 'proximity versus scalelessness', 'compactness versus openness', 'human versus object' and 'refuge versus radiance'.

For the Merlin day care centre, Jef Van Oevelen very deliberately combines several aspects of this question of scale. For the construction, circulation and recognisability, he considers the children's limitations, the care needs that these generate, the intimacy of daily functioning and the value of the surroundings. It is not 'the human' that is the measure of things but the cared for, the carer, the visitor and the passer-by. Each of these ratios leads to a different relationship with the building and the activities it harbours. Every relationship takes shape differently but still appropriately.

With the VL apartments - and even more so with the Brasschaat centre project - Jef Van Oevelen captures another aspect of scale and in a very different way: the individual versus community ratio. The challenge was certainly large concerning Brasschaat: to create an infill structure in an architecturally very traditional setting that would be both inviting (shops, library) and integrated (into street and village image), intimate (for residents) and lively (inner square).

AFTASTEN VAN DE SCHAAL

De relaties tussen bouwvolume, voetafdruk, inbreiding en ruimtegevoel worden door Jef Van Oevelen intensief geëxploreerd en met aanwijsbaar gunstig gevolg ook gerealiseerd. De schaal manifesteert zich onder meer op basis van het bouwprogramma, de omgeving en de relatie met de omgeving. Aftasten van de schaal betekent daardoor veel meer dan zoeken naar de maat. Ook programmatorische aspecten, functionaliteit of beleefbaarheid hebben daarin een rol.

De architect laat zich niet vangen door de dictatuur van de menselijke schaal, zoals die bijvoorbeeld al in de vijfde eeuw voor Christus door Protagoras werd gesteld ("De mens is maat van alle dingen") of nog expliciter in de 'modulor' van Le Corbusier aanwezig is. Voor Jef Van Oevelen wordt menselijke schaal veeleer beschouwd als de gewenste omgeving om te circuleren, te functioneren. Het gaat in belangrijke mate om een belevingsschaal, niet om antropometrie. Daarvoor hanteert hij architectonische dualiteiten als 'nabijheid versus schaalloosheid', 'compactheid versus openheid', 'mens versus object' of 'geborgenheid versus uitstraling'.

Voor het dagverblijf Merlijn combineert Jef Van Oevelen erg alert verschillende aspecten van dit schaalvraagstuk. Hij hanteert in opbouw, circulatie en herkenbaarheid de beperkingen van de kinderen, de nood aan zorg die dit genereert, de intimiteit van de dagelijkse werking en de waardevolle omgeving. Daarbij is niet 'de mens' de maat voor de dingen, wel de verzorgde, de verzorgende, de bezoeker en de passant. Elk van deze verhoudingen leidt tot een andere relatie met het gebouw en de activiteiten erin. Elke relatie wordt anders, maar steeds gepast, vorm gegeven.

Op een geheel andere wijze verovert Jef Van Oevelen in de appartementen VL en meer nog in het centrumproject van Brasschaat, een ander aspect van de schaal: de verhouding individu versus gemeenschap. Zeker wat Brasschaat betreft was de uitdaging groot om in een architecturaal erg traditionele omgeving, een gebouwde invulling te maken die zowel uitnodigend (winkels, bibliotheek) als geïntegreerd (straat- en dorpsbeeld), zowel intiem (bewoner) als belevend (binnenplein) zou zijn.

APPARTEMENTEN VL /
APARTMENTS VL

Veltwijcklaan, Ekeren
1988-1990

At the end of 1989, a surprising building appears at the corner of Veltwijcklaan and Margrietlaan in Ekeren that, as it turns out, comprises six apartments. The location is good: a well-oriented corner plot across from a public park. In the immediate vicinity are detached homes.

Since the L-shaped building respects the scale of the adjacent houses and the stipulated profile, the city of Antwerp planning department is quick to back the building of this urban villa. The design allows six homes to be built on one building plot.

The six spacious living units of different typologies, each with a garden or full terrace, are cleverly interwoven. There are two apartments on the ground floor with separate entrances and garages. An outside staircase leads to a double height 'street' on the first floor. Two duplexes give on to it with internal staircases leading to the bedrooms in the roof volume. The front door of a third apartment is situated in the same street. A second open staircase accesses another two-bedroom apartment entirely laid out on the second floor.

The witty puzzle of the layout extends to the white brick facades. Concrete structural elements and eaves, white aluminium joinery and a zinc roof covering combined with ochre yellow metal features give the building a distinctly contemporary look.

Eind 1989 verschijnt op de hoek van de Veltwijcklaan en de Margrietlaan in Ekeren een verrassend gebouw dat – zo blijkt later – zes appartementen bevat. De situering is interessant: op een goed georiënteerd hoekperceel tegenover een openbaar park. In de onmiddellijke omgeving staan vrijstaande residentiële woningen.

Gezien het L-vormige gebouw de schaal behoudt van de aangrenzende panden en het voorziene gabarit respecteert, was de dienst planologie van de stad Antwerpen snel bereid het bouwen van deze 'urban villa' te steunen. Op deze manier worden zes woningen op één bouwperceel gerealiseerd.

De zes ruime wooneenheden met verschillende typologieën, die elk een tuin of volwaardig terras hebben, zitten op intelligente wijze in elkaar verweven. Op het gelijkvloers zijn er twee appartementen met afzonderlijke ingang plus de autobergplaatsen. Een buitentrap leidt naar een dubbelhoge straat op de eerste verdieping. Hierop komen twee duplexwoningen uit met een binnentrap die naar de slaapkamers gaat in het dakvolume. Op dezelfde 'straat' geeft de voordeur van een derde appartement uit. Een tweede open trap bereikt nog een tweeslaapkamerappartement volledig op de tweede verdieping gesitueerd.

Deze geestige puzzel vertaalt zich ook naar de gevels die in witte baksteen zijn opgetrokken. De betonnen structuurelementen en dakranden, wit buitenschrijnwerk in aluminium en een zinken dakbekleding geven samen met okergele metalen elementen het geheel een heel hedendaags uitzicht.

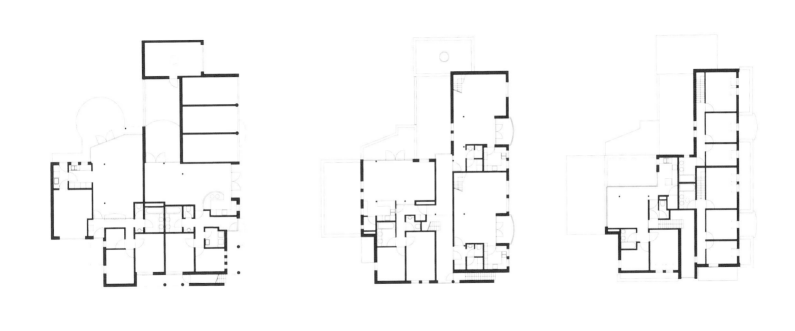

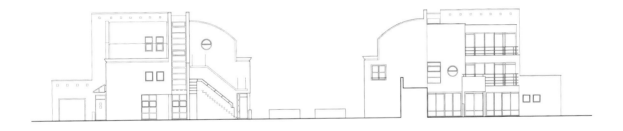

CENTRUMPROJECT /
CENTRE PROJECT

Armand Reusensplein, Brasschaat
1990-1999

In 1990, the Jef Van Oevelen architecture firm wins the competition organised by the town of Brasschaat to create a multifunctional building for an open area behind the church square. In addition to a completely new library, the building would also have to house a number of municipal administrative services, a police station, housing, shops, ample parking and more. The design of the complex would have to fit into and complete the existing spatial fabric of the centre.

The site lies within the pleasant core of the town and there are a number of contact points with the immediate vicinity. The Federal Police building (former town hall built in 1871 to a design by architect E. Gife) is one of these and would form an important element in the Jef Van Oevelen design.

From a rational and realistic point of view, the building of a monumental new public building seems unfeasible. Given the commercial value of this site, the library, commercially the least significant, has to settle for the rear of the site. However, a library needs a recognisable and low-threshold access point more than other public buildings: it would be wrong to hide it behind the purely commercial building volumes. The preservation of the former Federal Police building offers a unique solution. This building, representing as it does a piece of familiar history in itself, lends itself to being a representative entrance to the library space behind it. The repurposing of this familiar landmark avoids the creation of new thresholds for the diverse public.

Along the side of the square, shops and catering establishments are situated on the ground floor under a double height gallery that leads to a link road to Miksebaan. At the back, in the extension to the renovated old building, there are further commercial spaces and above them spacious private homes that fan out along the square. The fan shape of the rear building reflects the concept of a centre and clearly references Reusensplein and its church.

The centre project, with its diverse architectural elements and interplay of building volumes and open spaces, also has a social component. An elevated square that can be accessed at several

In 1990 wint het architektenburo Jef Van Oevelen de wedstrijd die de gemeente Brasschaat heeft ingericht om een open terrein achter het kerkplein in het centrum te voorzien van een multifunctioneel gebouw. Naast een volledig nieuwe bibliotheek moeten er ook een aantal administratieve gemeentediensten, een politiebureau, woningen, winkels, een ruime parkeergelegenheid... komen. Het te ontwerpen gebouwencomplex moet het ruimtelijk weefsel van het centrum vervolledigen.

Het bouwterrein ligt in de aangename omgeving van de kern van de gemeente en heeft een aantal aanknopingspunten met de onmiddellijke nabijheid. Het Rijkswachtgebouw (oud gemeentehuis van 1871 naar ontwerp van architect E. Gife) is daar één van en zal een belangrijk element worden in het ontwerp van Jef Van Oevelen.

Vanuit een rationele en realistische visie blijkt een monumentale inplanting van een nieuw openbaar gebouw het minst haalbaar. Gezien de marktwaarde van deze bouwplaats neemt de bibliotheek, als commercieel minst interessant, genoegen met het achterste gedeelte van het terrein. Meer dan andere publieke gebouwen heeft een bibliotheek echter nood aan herkenbaarheid en drempelverlagende ontvankelijkheid; het zou dan ook verkeerd zijn dit gebouw te verbergen achter en onder de andere zuiver commerciële bouwvolumes. Het behoud van het vroegere Rijkswachtgebouw biedt hier een unieke oplossing. Dit gebouw met een stukje vertrouwde geschiedenis in zich, leent zich om representatief te zijn als toegang tot de daarachter gelegen bibliotheekruimte. De herwaardering van dit vertrouwde gebouw vermijdt nieuwe drempels voor het toekomstig, veelzijdig publiek.

Langs de zijde van het plein worden winkels en horecazaken voorzien op de begane grond, onder een dubbelhoge galerij die in het verlengde ligt van het verbindingstraatje naar de Miksebaan. Langs de achterzijde, in het verlengde van het gerenoveerde oude gebouw, bevinden zich opnieuw handelsruimten met daarboven ruime woningen die in een waaier op het plein aansluiten. Door de waaiervorm van het achterste bouwdeel wordt opnieuw verwezen naar een centrum, een middelpunt, dat duidelijk het Reusensplein met de kerk kan zijn.

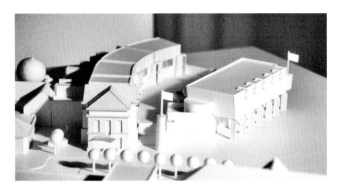 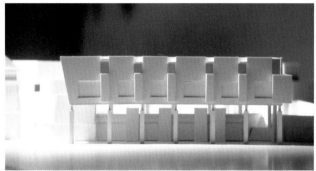

Het centrumgebouw dat verscheidene architectonische elementen en een spel van bouwvolumes en open ruimten samenbrengt, heeft ook een sociale ambitie. Een verhoogd binnenplein dat langs meerdere toegangen bereikbaar is moet de functie krijgen van een dorpsplein waar allerlei activiteiten kunnen georganiseerd worden. Het is als een balkon met uitzicht op het bestaande Reusensplein. De verschillende trappen die naar dit plein leiden bieden een wandeling doorheen het ganse complex die de openheid maar tegelijkertijd de geborgenheid van het geheel tonen.

De gevels in gele baksteen, natuurlijke blauwe hardsteen, grijs beton en grijsgroen buitenschrijnwerk geven duidelijk de verschillende functies in het gebouw weer. Het oude gemeentehuis, naar een meer hedendaagse vorm vertaald, is met lichtgele bepleistering afgewerkt.

Jammer genoeg heeft door een gebrek aan inzicht en inzet het interessante 'bovenplein', een basisgegeven in het ontwerp van Jef Van Oevelen, nooit de functie gekregen waarvoor het was bedoeld. Toch blijft dit waardige bouwwerk een onmiskenbare belangrijkheid verlenen aan het centrum van de gemeente.

Bij het gebouw staat het beeldhouwwerk Dakstoel (1996) van Paul Gees, een mooie aanvulling bij deze waardevolle architectuur.

points should have the function of a village square where all sorts of activities can take place. It operates as a balcony overlooking Reusensplein. The various steps that lead to the square offer a tour through the entire complex and emphasise both the openness and enclosedness of the development.

Facades in yellow brick, natural blue stone, grey concrete and grey-green joinery clearly reflect the different activities in the building. The former town hall is finished in a light yellow render to give it a more contemporary look.

Unfortunately, a lack of insight and commitment means that the interesting 'upper square', an essential element in the design by Jef Van Oevelen, has never functioned as it was intended. Nonetheless, this worthy edifice is undeniably of major significance to the town centre.

The sculpture Dakstoel (Truss) (1996) by Paul Gees stands beside the complex and beautifully complements this valuable work of architecture.

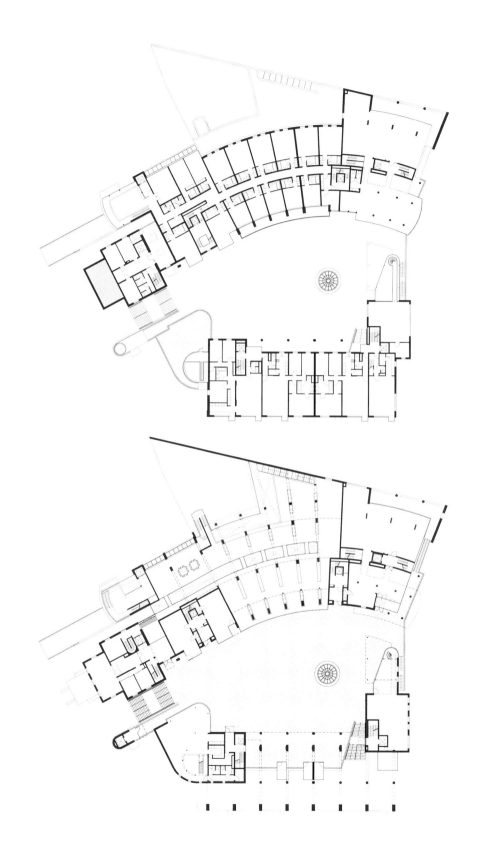

SCHOOLGEBOUWEN / SCHOOL BUILDINGS

Laageind, Stabroek
1995-2013

The first buildings for the Provinciaal Instituut voor Technisch Onderwijs (Provincial Institute for Technical Education) (Pito Stabroek) are begun by Georges Baines (1925 - 2013) but the continuation of the works is executed by Jef Van Oevelen, who is working for Georges Baines at that time. In the early 90s, when Jef Van Oevelen opens his own firm, he builds or remodels most of the buildings on the Pito site. The site is, therefore, a showpiece of his architecture.

The polder village of Stabroek developed along the corridor leading to the town of Putte. This main street of closed ribbon development is crossed perpendicularly by a number of streets also with ribbon development. This typology is characteristic of the polder region. The Pito development also follows the two circulation axes that depart from the monumental main building. The Polderpad, one of the circulation axes, runs all the way into the Ettenhoofse polder (heritage landscape).

Jef Van Oevelen creates a master plan in order to better organise further development. The siting of the various buildings, playgrounds, transition areas and the interfaces between them is carefully planned. As a result, the site is well-organised and conveniently laid out.

De eerste gebouwen voor het Provinciaal Instituut voor Technisch Onderwijs (Pito Stabroek) worden nog door Georges Baines (1925 - 2013) gestart maar de opvolging van de uitvoering gebeurt door Jef Van Oevelen die op dat moment bij Georges Baines werkt. Begin jaren negentig, wanneer Jef Van Oevelen zijn eigen bureau opstart, zal hij op de site van Pito de meeste van de gebouwen optrekken of verbouwen. De site is dan ook een staalkaart van zijn architectuur.

Het polderdorp Stabroek heeft zich ontwikkeld langs de verkeersas naar de gemeente Putte. Deze hoofdstraat met gesloten lintbebouwing wordt loodrecht gekruist door een aantal straten, opnieuw met lintbebouwing. Deze typologie is eigen aan de polder. Ook de ontwikkeling van de bebouwing van Pito gebeurt langs de twee circulatieassen die naast het monumentale hoofdgebouw vertrekken. 'Het polderpad', één van deze circulatieassen, loopt helemaal de 'Ettenhoofse' polder in (erfgoedlandschap).

Jef Van Oevelen maakt voor de site een globaal structuurplan om de verdere ontwikkeling beter te organiseren. De inplanting van de verschillende gebouwen, speelplaatsen, overgangsruimtes en de relaties ertussen, is degelijk doordacht. Daardoor is de site overzichtelijk en goed georganiseerd.

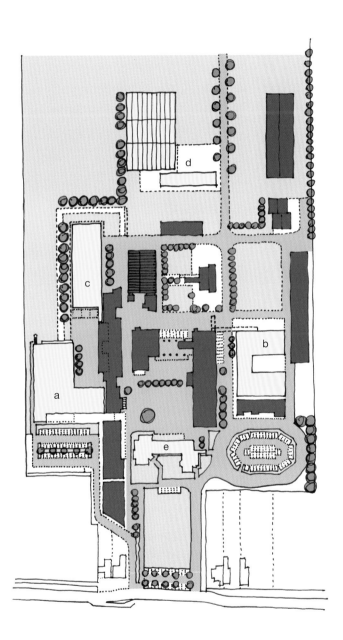

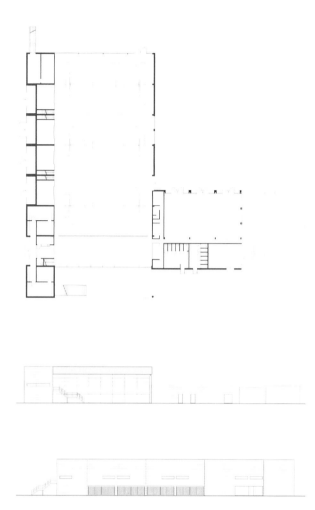

a

Sporthal / Sports hall
1995

The sports hall is located on the left side of the site so that it can be accessed independently of the school by means of a yet to be finalised entrance from the recently built residential and shopping centre Piccolo. Jef Van Oevelen has not designed an anonymous, closed sports warehouse but - wherever possible - a place that opens outwards. The glazed front elevation, for example, forms a showcase for the climbing wall and the rear facade is also open with a view on to the polders.

De sporthal bevindt zich aan de linkerzijde van de site waardoor ze door een nog te finaliseren toegang langs het recent ontwikkelde woon- en winkelcentrum Piccolo, onafhankelijk van de school kan gebruikt worden. Jef Van Oevelen ontwerpt hier geen anonieme gesloten sportloods maar werkt de sporthal – daar waar het kan – open naar buiten toe. De glazen voorgevel is bijvoorbeeld een vitrine voor de klimmuur en ook de achtergevel wordt niet gesloten maar houdt het zicht open naar de polder.

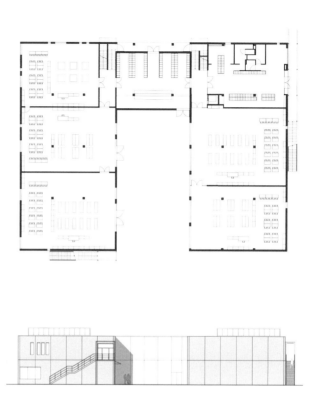

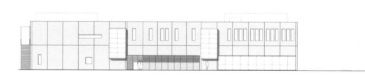

Nijverheidsklassen / Technical classrooms
2000-2003

b

The first section of the new technical classrooms was completed in 2003 and (building) work on a second section will commence in the the course of 2014. Both buildings are part of the Jef Van Oevelen development. The pure, closed volume with concrete as the facade material reflects the closed function of the practical classes. Solely the staircase and access elements are accentuated. The staircase with metal walkway links the building with the older technical classroom building, thereby improving accessibility.

Het eerste deel van de nieuwe nijverheidsklassen wordt in 2003 verwezenlijkt en een tweede deel zal in de loop van 2014 aangevat worden. Beide gebouwen zijn onderdeel van het ontwikkelingsplan van Jef Van Oevelen. Het zuivere gesloten volume met als gevelmateriaal beton geeft de gesloten functie van de praktijkklassen weer. Er worden alleen accenten gelegd bij het trapvolume en de toegang. De trap met passerelle in metaal verbindt het gebouw met het oude nijverheidsgebouw wat de toegankelijkheid verbetert.

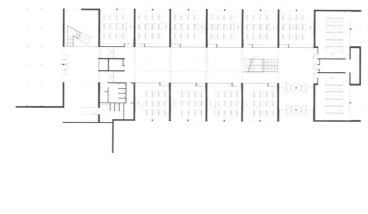

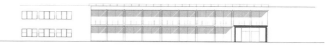

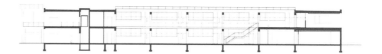

c

Nieuwe klassenvleugel (blok R) / New classroom wing (Block R)
2004-2007

The construction of a large new classroom wing was urgently needed to absorb the growth in student population. This building comprises 23 normal classrooms and 2 physics classrooms with the accompanying stockroom, also uses concrete as the facade material. By providing a double height corridor with a rooflight between the classrooms, each room is flooded with natural light. The circulation is located at the end of the building where it meets the existing classrooms. The larger physics laboratories are to be found at the other end of the building.

Door de groei van het aantal leerlingen was de bouw van een nieuwe grote klassenvleugel dringend nodig. Dit gebouw met 23 gewone klassen en 2 fysicaklassen met bijhorend preparatielokaal, heeft ook beton als gevelmateriaal. Door de gang tussen de lokalen ruim en dubbel hoog te maken en licht te nemen met een koepel worden alle klassen maximaal voorzien van natuurlijk licht. Op de kop van het gebouw, waar het aansluit op de bestaande klassen, situeert zich de circulatie. De grotere laboklassen bevinden zich op de andere kop van het gebouw.

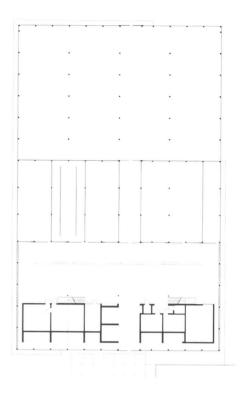

Serre / Greenhouse
2006-2010

d

In 2010, the building was completed with a new greenhouse. This structure consists of three zones. The first houses storage, technical and practical spaces. The second and third are reserved for cultivating plants. The storage and technical areas are situated in a closed wooden volume. The top of this volume provides a physical platform upon which the classes are conducted. The architect chose to situate this function within the greenhouse so that students are constantly aware of their surroundings, in other words, of the environment of their future work.

In 2010 wordt de bouw van de nieuwe serre gefinaliseerd. Deze bestaat uit drie zones. In de eerste komen er opslag, technieken en praktijklokalen. In een tweede en derde zone is er plaats voor de verschillende aanplantingen. De opslag en technieken worden in een gesloten houten volume geplaatst. Hierop voorziet de architect de leslokalen. Hij kiest er bewust voor om deze vrij in de serre te situeren waardoor de leerlingen zich op elk moment bewust zijn van hun omgeving, met andere woorden van hun toekomst.

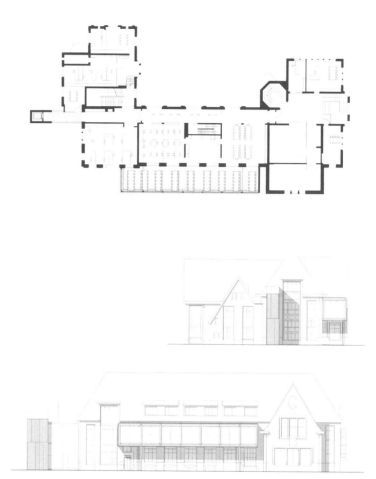

Hoofdgebouw / Main building
2006-2010

e

The remodelling of the main building, the oldest building on the site, involved a thorough reorganisation so that it could function optimally once more. A lift volume was added for improved accessibility. The internal circulation was reviewed in detail and similar functions grouped together. On the first floor is the staff room, which is given additional space with an extension at the rear elevation that does double-duty as a canopy over the playground. Materials used for the lift volume and the extension to the staff room - concrete and steel - dovetail with those used for the new buildings.

De opdracht voor de verbouwing van het hoofdgebouw, het oudste gebouw van de site, bestond erin dit grondig te reorganiseren opdat het terug optimaal kon gebruikt worden. Er wordt een liftvolume toegevoegd om ook hier de toegankelijkheid te verbeteren. De interne circulatie wordt grondig herbekeken, gelijkaardige functies worden gegroepeerd. Op de verdieping is er de leraarskamer, extra ruim door een bijkomend volume aan de achtergevel dat tegelijkertijd als luifel voor de speelplaats dienst doet. De materialen van het liftvolume en de uitbreiding van de leraarskamer, beton en staal, sluiten aan bij de materialen van de andere nieuwe gebouwen.

MEDISCH PEDAGOGISCH
KINDERDAGVERBLIJF M /
CHILDREN'S MEDICO-EDUCATIONAL
DAY CARE INSTITUTE M

Schotensesteenweg, Deurne
1996-1999

The project comprised the building of a school for 50 mentally and/or physically disabled children between the ages of one and seven. The site is on the old Schoten road with nondescript terraced housing on one side and the protected countryside of the Ertbrugge Zwarte Arend domain on the side of the building plot. It was stipulated that the buildings be situated on the edge of the land due to this heritage estate.

Jef Van Oevelen resolves this constraint by creating two building volumes. One has only one storey and is placed parallel to the street; the other has two floors and is perpendicular to the street. The low volume is made of brick and forms a buffer for the uninteresting street. The higher volume that cuts right across it is located as far to the right of the land as possible. This retains a large green inner zone that does not interfere with the classified landscape of Castle Ertbrugge. Circulation is kept to the inner side of both blocks and provided with large glazed areas that bring the surroundings into the building. This circulation is fully executed in glass, only broken by wooden storage blocks with small terraces on their roofs. These blocks provide the architecture with a playful feature that also seem to act as buttresses to support the glass elevation.

The low volume on the street side, executed in brick, contains the services and technical areas and is rather closed. The perpendicular volume is plastered in a light colour and the use of so much glass attracts a great deal of light as well as providing views of the surroundings. On the ground floor, this volume houses the grouped classrooms and on the first floor the therapy rooms for music, occupational therapy and physiotherapy. The entrance is situated at the intersection of the two blocks. This entryway is double height, covered and completely open to the street.

The classrooms on the ground floor are grouped in twos and share each other's living and sleeping areas and bathroom. Each class has its own little garden facing south. To the right of the site there is an earth embankment. This provides the gardens with the necessary privacy without being oppressive.

Colours and materials are kept sober both inside and out. Infill

De opdracht omhelst het bouwen van een school voor 50 mentaal en/of motorisch gehandicapte kinderen tussen een en zeven jaar. Het terrein ligt aan de oude steenweg naar Schoten met aan de ene zijde van de straat naamloze rijwoningen en aan de zijde van het bouwterrein het beschermd landschap rond het domein Ertbrugge Zwarte Arend. Dit erfgoedlandschap is de reden waarom er wordt gevraagd om de gebouwen aan de randen van het terrein te voorzien.

Jef Van Oevelen lost deze beperking op door twee verschillende bouwvolumes te voorzien. Het ene heeft maar één bouwlaag en is evenwijdig met de straat geplaatst; het andere heeft twee bouwlagen en staat dwars op de straat. Het lage volume is uitgevoerd in baksteen en vormt een buffer tegen de oninteressante straatkant. Het hogere volume dat er dwars op staat, is zo veel mogelijk aan de rechterzijde van het terrein geplaatst. Hierdoor wordt een grote groene binnenzone vrij gehouden die het geklasseerde landschap van het kasteel Ertbrugge niet verstoort. Door in beide blokken de circulatie langs de binnenzijde te plaatsen en te voorzien van grote glasvlakken, wordt de omgeving mee in het gebouw getrokken. Deze circulatie is volledig in glas uitgewerkt: alleen de houten blokjes van de bergingen met kleine terrasjes op het dak doorbreken dit. Deze blokjes brengen een speelsheid in de architectuur en lijken het grote glasvlak van de binnengevel te ondersteunen.

Het lage volume aan de straatkant, uitgevoerd in baksteen, bevat de dienst- en technische ruimtes en is eerder gesloten. Het dwarse volume is bepleisterd in een lichte kleur en trekt door het gebruik van veel glas volop licht, zicht en omgeving binnen. Dit volume bevat op het gelijkvloers de gegroepeerde klasjes en op de verdieping therapieruimtes voor muziek, ergo en kine. Op het kruispunt van beide blokken is de ingang voorzien. Deze is dubbel hoog, overdekt en volledig opengewerkt naar de straat.

De klasjes op het gelijkvloers zijn per twee gekoppeld en delen elkaars leef- en slaapruimte en sanitair. Elk klasje heeft een eigen buitentuintje dat op het zuiden is georiënteerd. Aan de rechterzijde van de site is er een aarden wal. Die geeft de privétuintjes de nodige privacy zonder beklemmend te worden.

Zowel buiten als binnen worden kleuren en materialen sober gehouden. Invulmaterialen zoals glastegels en plaatmateriaal versterken de volumes en verduidelijken de structuur van de ruimtes. Er wordt met heldere kleuren gewerkt om elk klassengroepje visueel van elkaar te onderscheiden. Het gebruik van de kleuren verduidelijkt ook de interne organisatie van het gebouw.

De kleine privétuintjes op maat van de kinderen, de glazen gevel gericht naar het landschap en het grote gebaar van de toegang zijn allemaal voorbeelden van de subtiele manier om de schaal van de school te vatten. De verschillende volumes worden door het doordacht gebruik van materialen, kleur en invullingen leesbaar en op maat van de gebruiker gemaakt.

materials such as glass tiles and sheeting reinforce the volumes and clarify the structure of the spaces. Bright colours are employed to visually distinguish each class group from the others. The use of colour also clarifies the interior organisation of the building.

The small gardens on a child-sized scale, the glass facade facing the countryside and the grand gesture of the entrance are all examples of a subtle means of embedding the school's scale. The different volumes are made legible and customised to the user through a clever use of materials, colours and infills.

GASKETELPLEIN / GASKETELPLEIN

Paalstraat-Gasketelplein, Schoten
2010

The Gasketelplein in Schoten, an open space above an underground gas installation, is demarcated on two sides by a new police station. The social housing association De Ideale Woning wanted a combination of homes and elements that add to the attractiveness of the square. The square borders Paalstraat, Schoten's shopping street.

For the corner of the square, Jef Van Oevelen designed a rather compact volume that elegantly connects with the existing street facade of the square. On the Paalstraat side, there will be new facades in line with the existing buildings. The square will have an additional, third facade. The private space at the rear of the block flows naturally into the public part of the square. Gardens are not private but the placement of some low walls allows the ground floor residents to enjoy a section of patio for their homes.

The corner lot and adjacent parts on the square are designed as three separate retail spaces. They open up the square to the scale of the passer-by. Next to and above them are 20 residential units accessible both from the square and from the back. The L-shape is broken into two blocks by a passageway so that there is sufficient light even in the corners.

The way that the design responds to the scale of the setting is exciting: the street folds into the square. The corner makes the transition between the higher facades of Paalstraat (four storeys) and the square (three storeys) through a subtle combination of protruding and recessed volumes. The sculptural qualities of this project elevate the rather soulless square into an interesting environment for residents and visitors.

Het Schotense Gasketelplein, een open ruimte boven een ondergrondse gasinstallatie, is langs twee zijden afgebakend door een nieuw politiekantoor. Het opzet van de sociale huisvestingsmaatschappij De Ideale Woning is een combinatie van wonen met elementen die het plein een bijkomende aantrekking geven. Het plein grenst aan de Paalstraat, de winkelstraat van Schoten.

Jef Van Oevelen ontwierp voor de hoek van het plein een eerder compact volume dat geraffineerd aansluit op de bestaande straatgevel en het plein. Aan de zijde van de Paalstraat komen er gevels in het verlengde van de bestaande bebouwing. Het plein krijgt een bijkomende, derde gevel. De private ruimte aan de achterzijde van het bouwblok loopt spontaan over in de publieke zone van het plein. Nergens worden tuinen geprivatiseerd, maar door de plaatsing van enkele lage wanden kunnen de bewoners op de begane grond toch genieten van een stukje terras aan hun woning.

De hoekpartij en aansluitende delen op het plein zijn voorzien als drie afzonderlijke winkelruimtes. Ze openen het plein op de schaal van de wandelende passant. Daarnaast en daarboven zijn er 20 wooneenheden ontworpen, toegankelijk vanop het plein en vanuit de achterzijde. De L-vorm is met een wandeldoorgang in twee blokken uiteen gehaald zodat ook in de hoeken voldoende licht beschikbaar is.

De wijze waarop het ontwerp inspeelt op de schaal van de omgeving is erg boeiend: de straat plooit zich in het plein. De hoek maakt de overgang tussen de hogere gevels van de Paalstraat (vier bouwlagen) en het plein (drie bouwlagen) door een fijne combinatie van uitspringende en inspringende volumes. De sculpturale kwaliteiten van dit project verheffen het wat zielloze plein tot een interessante leefomgeving voor bewoners en passanten.

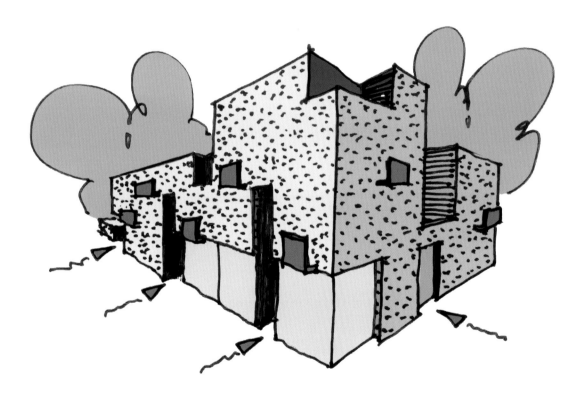

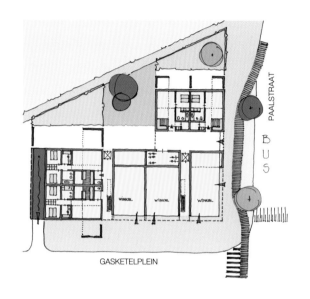

GASKETELPLEIN

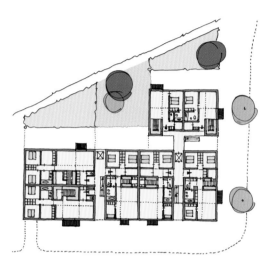

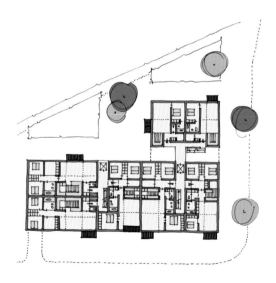

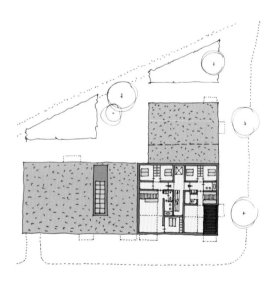

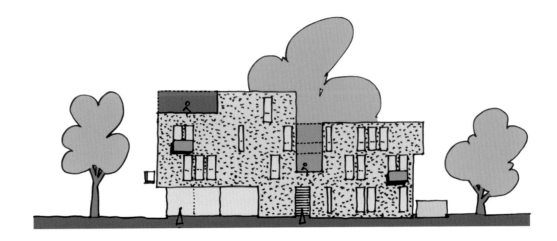

MAHATMA GANDHIWIJK /
MAHATMA GANDHI NEIGHBOURHOOD

Mechelen
2011

This area is subject to a major redevelopment. A number of out-dated apartment buildings were demolished and with the assign-ment of this competition project to Jef Van Oevelen (175 homes for sale and for rental) it was necessary to develop clear planning principles for the new construction. For this, respect for the exist-ing scale, variety and an emphasis on clarity were combined. Fur-thermore, circulation was considered as the standard and model for the plan.

Various typologies are brought together in closed blocks that are in line with the existing buildings. The differences between them are sufficiently subtle to maintain the unity of the neighbourhood and at the same time allow identification of the home for the resident. The variation in height (two to five floors) also demonstrates the careful consideration of footprint and public and private spaces. A new park for the Mahatma Gandhi neighbourhood completes the picture. Footpaths and height differences constantly return the observer to scale as it is relativised by residence and residents.

The street is extended from the footpath to the entrance doors of the upper floors. Each front door is a fully independent entrance. To this end, the inner sides of the blocks are provided with a horizontal outdoor circulation. Recognisable vertical outdoor circulation is grouped at the corners on the street side.

To link in with the existing housing, it was decided to use a solid construction of brick, steel and precast concrete elements.

Deze wijk krijgt een belangrijke herinrichting. Een aantal verou-derde gebouwen met appartementen werden intussen gesloopt en met de toevoeging van dit wedstrijdontwerp van Jef Van Oeve-len (175 koop- en huurwoningen) was het noodzakelijk om voor dit nieuwe geheel duidelijke ordeningsprincipes te ontwikkelen. Res-pect voor de bestaande schaal, oog voor variatie en nadruk op helderheid worden hier gecombineerd. De circulatie wordt daarbij gehanteerd als norm en model.

Verschillende typologieën worden in gesloten bouwblokken bijeen-gebracht, aansluitend bij de bestaande bebouwing. De onderlinge verschillen zijn subtiel genoeg om de wijkeenheid te bewaken en laten tegelijkertijd identificatie tussen bewoner en woning toe. Ook de variatie in bouwhoogte (twee tot vijf bouwlagen) toont de zorg-vuldige afweging van voetafdruk, openbare en private ruimte. Een nieuw park voor de Mahatma Gandhiwijk werkt de inplanting af. Wandelpaden en niveauverschillen herinneren voortdurend aan de schaal, getoetst aan bewoning en bewoners.

De straat wordt verlengd vanaf het voetpad tot bij de toegangs-deuren van de hoogste verdiepingen. Elke inkomdeur wordt een volwaardige voordeur. Aan de binnenzijde van de bouwblokken is er hiervoor horizontale buitencirculatie uitgebouwd. Aan de straat-zijden wordt op de hoeken herkenbare verticale buitencirculatie gegroepeerd.

Gerelateerd aan de bestaande woningen is er gekozen voor mas-siefbouw met baksteen, staal en geprefabriceerde betonelementen.

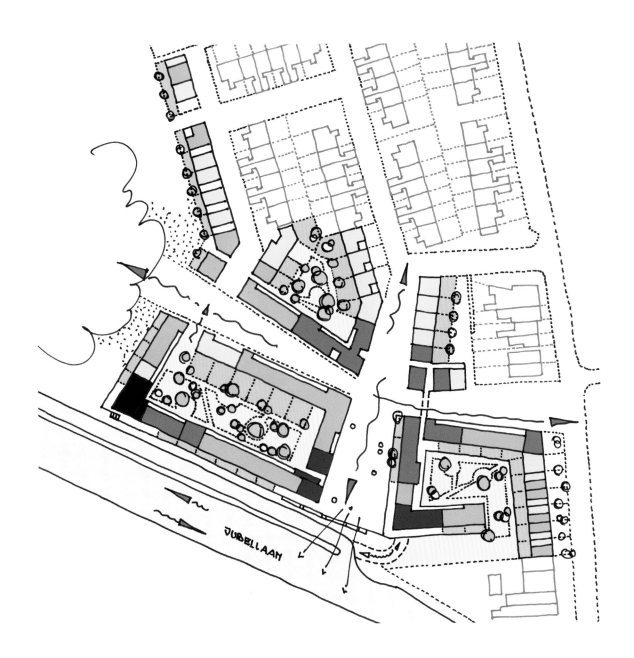

JUBELLAAN

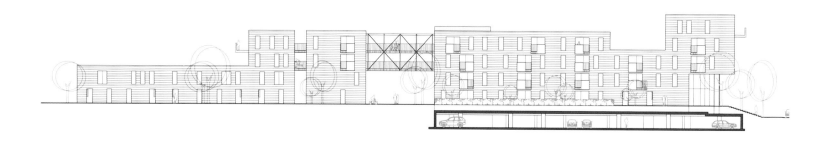

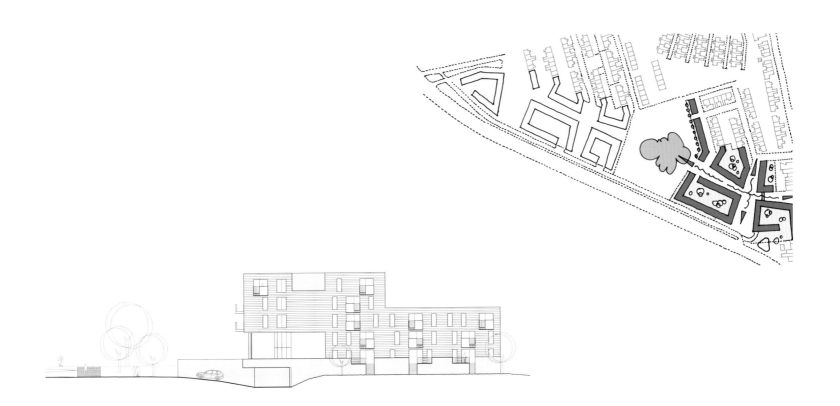

DIALOGUE WITH THE PUBLIC SPACE

5

The public space is under pressure. In many situations, the open environment actually seems more a cause for concern than for relaxation and enjoyment. This is especially true for urban and urbanising areas where openness is too often reduced to the absence of content. Even the semi-public space seems threatened: shielding should offer protection, blandness has become the expression of neutrality, scale is interpreted as inversely proportional to social cohesion. Many opportunities have been missed, not least by poorly formulated planning regulations that discourage architects from taking on the challenge.

Since the 1990s, Jef Van Oevelen's work has actively confronted and responded to the public space. His method is dialogue: with the people, with the form, with the content. His resources are, in many instances, circulation and communication. The reading and interpreting of the existing environment is an integral part - if not the start - of the design process. However, this does not preclude discussion and reciprocity with the user. It is not the desire for domesticity and smallness that prevails but the power to offer opportunities for encounters. For this, the architect has to understand what the user wants. Architecture in general, and the public space in particular, is a matter of negotiation. The user is, therefore, the preferred partner, the expert in the field. The designer introduces the user to what is possible within the space as well as what the boundaries are.

Dialogue with the authorities should also not be underestimated. The strictest guidelines are regularly called into question and intelligent solutions found.

It is not by chance that Jef Van Oevelen's projects are situated in the transition between private, semi-public and public spaces (Hotel Astridplein, Antwerp, Van Celst house, Hoboken, Centre development, Malle). Clients know that he will establish the appropriate listening environment and exploratory approach when applying form and expression to an assignment. Sensitivity to social factors - relationships, expectations, trends - seems to be an innate reflex. Dynamism and continuity are achieved objectives. The dialogue is readable in the interaction between outside and inside and what lies in between (VLABO housing, Niel). The building fully participates in the public space. Consider how corners are handled, how functions merge into each other, how passersby and users/residents experience the space around them differently. In the attention paid to (small) urban squares (De Peerle, Duffel; Stoktse Plein, Turnhout), the careful weighing up and harmonious merging of different elements is clear. The squares offer a new dimension to existing environments and are focussed on spontaneous, chance encounters between passersby and residents.

The result is the evolution of a limited assignment (a building) into the redefinition and reconfiguration of the (larger) environment. Jef Van Oevelen continues to realise original solutions that directly address each individual context.

De publieke ruimte staat onder druk. De echte open omgeving lijkt in vele situaties eerder een reden voor onrust dan verpozing. Dit geldt in het bijzonder voor de stedelijke en verstedelijkende gebieden waar openheid nog te dikwijls herleid is tot afwezigheid van invulling. Zelfs de semipublieke ruimte lijkt bedreigd: afscherming moet bescherming bieden, karakterloosheid is de vorm geworden voor neutraliteit, schaalgrootte wordt geïnterpreteerd als tegengesteld aan sociale samenhang. Er zijn veel kansen gemist, niet in het minst door de slecht geformuleerde stedenbouwkundige voorschriften waardoor de architect zich niet geroepen voelde om de uitdaging aan te gaan.

Jef Van Oevelen heeft in zijn oeuvre sedert de jaren negentig van vorige eeuw het inspelen op de openbare ruimte niet geschuwd. Zijn methode is daarbij de dialoog: met de mensen, met de vorm, met de inhoud. Zijn middel is in vele gevallen circulatie en communicatie. Het 'lezen' en interpreteren van de bestaande omgeving is een onlosmakelijk onderdeel, zo niet de start, van het ontwerpproces. Hij gaat daarbij het gesprek en de wisselwerking met de opdrachtgever en de gebruiker niet uit de weg. Niet de drang naar huiselijkheid of kleinschaligheid primeert, wel de kracht van het kansen bieden voor ontmoeting. Daarvoor moet de architect begrijpen wat de gebruiker wil. Architectuur in het algemeen en openbare ruimte in het bijzonder is een kwestie van onderhandelen. De gebruiker is daarbij de bevoorrechte partner, deskundige ter zake. De ontwerper neemt de gebruiker mee in wat er binnen de omgevende ruimte kan, en waar de grenzen liggen.
Ook de dialoog met de overheid mag niet onderschat worden. Strikte richtlijnen worden geregeld in vraag gesteld en met nieuwe oplossingen zinvol beantwoord.

De opdrachten van Jef Van Oevelen situeren zich niet toevallig op die overgangen tussen privaat, semipubliek en publiek domein (Hotel Astridplein Antwerpen, Van Celsthuis Hoboken, Centrumontwikkeling Malle). De opdrachtgevers weten hem te vinden voor het scheppen van de juiste luistervaardigheid en aftastende inbreng bij het vorm en betekenis geven. Gevoeligheid voor sociale factoren – verhoudingen, verwachtingen, ontwikkelingen – blijkt bij hem een aangeboren reflex. Dynamiek en continuïteit zijn gereali-seerde doelen. De dialoog is afleesbaar in de wisselwerking tussen buiten en binnen en wat er tussenin ligt (VLABO-woningen, Niel). Het gebouw participeert ten volle aan de openbare ruimte. Denk bijvoorbeeld aan de wijze waarop er met hoeken wordt omgegaan, hoe functies in mekaar overgaan, hoe passant en gebruiker/bewoner op een andere manier de ruimte rondom beleven. Zorgvuldig afwegen en conflictloos combineren zijn afleesbaar in de aandacht voor (kleinschalige) stedelijke pleinen (De Peerle Duffel, Stoktse Plein Turnhout). Ze bieden een nieuwe dimensie aan bestaande omgevingen en zijn gericht op spontane, toevallige ontmoetingen voor voorbijganger en bewoner.
Dat een oorspronkelijk beperkte opdracht (een gebouw) daardoor uitgroeit tot een herdefiniëren en -organiseren van de (ruime) omgeving, is dan het gevolg. Jef Van Oevelen laat niet na om in functie van de telkens wijzigende contexten originele oplossingen te realiseren.

WEDSTRIJDPROJECT HOTEL /
COMPETITION PROJECT HOTEL

Astridplein, Antwerpen
1992

Despite his young agency's limited team and the daunting scale of the project, Jef Van Oevelen registered to take part in the Hotel Astridplein architecture competition. Like other architects, such as Jo Crepain and Bob van Reeth, he seized the opportunity to design for this important site in the city.

With this project, Jef Van Oevelen tries to find a balance between the creation of a counterweight to the central station and the desire to make his building relate to and be a part of Astrid Square. This is not the simplest approach: the urban grain on this spot is difficult to understand, to enter into a dialogue about and to interpret into an economically feasible building.

The facade is pulled open across three floors to maintain light and views and contact with the square. The counterweight to the monumental Central Station is expressed in the massive front elevation in stone. The terraces, views and walkway are a direct dialogue with Astrid Square and pull the square and the bustle of Carnotstraat into the building. This idea is even continued in the reconfiguration of Astrid Square itself.

The project is an attempt to formulate a vision of the future for this part of the city. It opens up and enables a dialogue with the city and provides a platform for it to evolve. In sharp contrast to the Michael Graves' 'pastiche' project that was actually realised, Jef Van Oevelen's proposal is adapted to the public fabric of the city.

In the first round of voting, the project finished joint first with that of Michael Graves but in a second round Graves' design was voted to execute the latter project.

Hoewel de beperkte bezetting van zijn jong bureau en de schaal van het project dit amper toelaten, schrijft Jef Van Oevelen zich toch in voor het wedstrijdproject Hotel Astridplein. Net als andere Antwerpse architecten zoals Jo Crepain en Bob van Reeth grijpt hij deze uitzonderlijke gelegenheid aan om een belangrijke plek in de stad vorm te geven.

Jef Van Oevelen probeert met dit project een balans te vinden tussen het maken van een tegenwicht tegenover het centraal station en de wil om zijn gebouw te betrekken op of het ook deel te laten uitmaken van het Astridplein. Dit is niet de gemakkelijkste oplossing, het is niet eenvoudig om de korrelgrootte van de stad op deze plek te vatten, er in dialoog mee te gaan en dit te vertalen in een economisch haalbaar gebouw.

De voorgevel wordt over drie verdiepingen open getrokken om licht, zicht en contact met het plein te houden. Het pendant voor de monumentaliteit van het Centraal Station wordt vertaald in de massieve voorgevel uitgevoerd in natuursteen. De terrassen, de doorzichten, de passerelle gaan rechtstreeks de dialoog aan met het Astridplein en trekken het leven rond het plein en de drukke beweging rond de Carnotstraat in het gebouw. Dit idee wordt zelfs doorgetrokken in de heraanleg van het Astridplein zelf.

Het project is een poging om een visie op de toekomst van deze plek in de stad vorm te geven. Het gaat een dialoog aan met de stad, het maakt ze mogelijk en geeft de ruimte om verder te evolueren. In tegenstelling tot het gerealiseerde 'pastiche' project van architect Michael Graves past het voorstel van Jef Van Oevelen zich in het openbaar weefsel van de stad.

Het project eindigt in een eerste stemronde ex aequo met dat van Michael Graves maar in een tweede stemronde wordt dit laatste voor uitvoering gekozen.

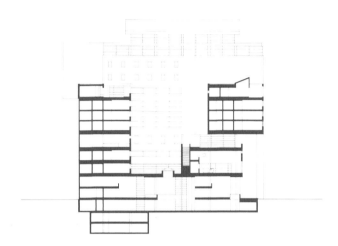

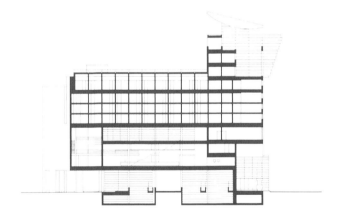

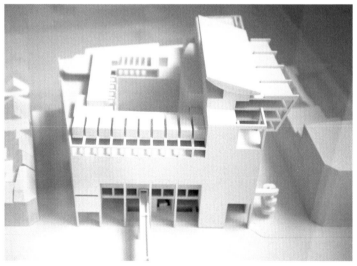

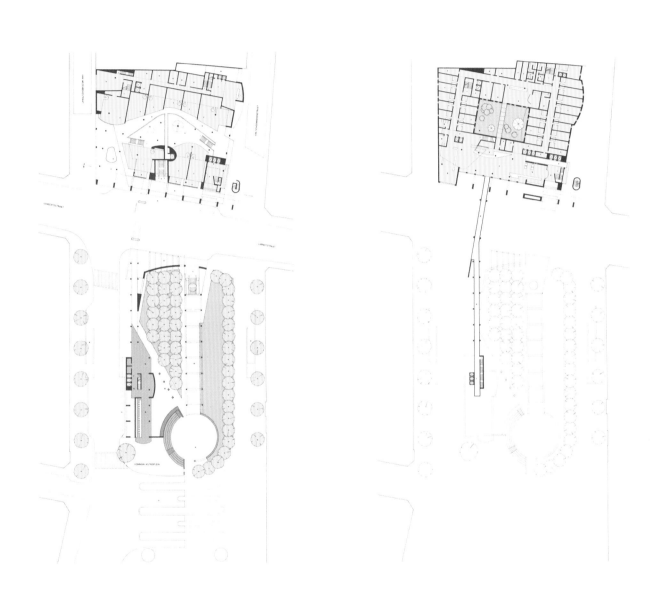

LOFT K /
LOFT K

Duboisstraat, Antwerpen
1998-2001

The building known as the Paolo Warehouse, situated in the area around Sint-Jansplein, was remodelled and converted into apartments with a loft on the top floor.

The industrial look of the building is retained in the loft with untreated, visible masonry on separating walls and an open roof construction of iron trusses. The only fixed elements are the volumes with bathroom and entrance area with stairs and lift and these are painted white. The cupboards are placed against the rough side walls so that they contribute to the impression that all content is free-floating and can be changed at any moment. The black-painted volumes of the two bedrooms are actually free-standing. Together with the cleverly designed steel stairs, these can be pushed against the dividing wall to instantly create different views and spaces. The guest bathroom volume on the platform (meditation space) is painted red to separate it from the white base volume. The kitchen island in concrete, a permanent and central element in the space, does divide it in two but is so conceived that the dining room can be situated on either side of it. All the interventions are designed to preserve a maximum of the loft feel.

Het zogenaamde 'Magazijn Paolo' gelegen in de wijk rond het Sint-Jansplein wordt verbouwd en krijgt een invulling van appartementen met op de bovenste verdieping een loft.

De industriële look van de loft blijft behouden door het zichtmetselwerk van de scheimuren onbehandeld en de dakconstructie van ijzeren dakspanten open te laten. De volumes van badkamer en ingang met trap en lift zijn in de ruimte de enige vaste elementen en deze worden wit geschilderd. Alle kasten worden tegen de ruwe zijwanden geplaatst waardoor ze meewerken aan het gevoel dat alles een losse invulling is die op elk moment kan wijzigen. Dat de ruimten werkelijk los staan is echt zo voor de zwart geschilderde volumes van de beide slaapkamers. Deze kunnen samen met de fijn uitgewerkte stalen trap tegen de scheimuur geschoven worden zodat er plots andere zichten en ruimtes ontstaan. Het volume van de gastenbadkamer op de duplex (meditatieruimte) wordt rood geschilderd waardoor ook dit volume los komt van het witte basisvolume. Het keukenelement in beton dat centraal en vast in de ruimte staat, deelt deze misschien wel in twee maar is zo geconcipieerd dat de eetkamer langs beide zijden kan voorzien worden. Al de ingrepen zijn zo uitgewerkt dat het loftgevoel maximaal behouden blijft.

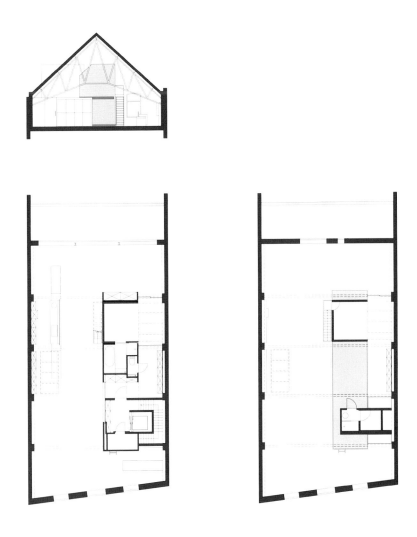

APOTHEEK P /
PHARMACY P

A. Scheyvaertslaan, Ekeren
2000-2002

The design of this pharmacy with apartment is the result of a remodelling of a simple terraced house with closed end wall. The existing staircase on the inside of this wall is removed and replaced on the exterior. For the new hallway with separate entrances for pharmacy and apartment, a new cutaway side facade is designed. The former side garden becomes a front garden. The original entrance from Oosterlinckhoflaan is moved to Geestenspoor. This significantly changes the building's image for the street and for the surroundings: it becomes far more visible from the public space. The garage, accessed from Geestenspoor, becomes a storage room and an office. The apartment's living room is situated on the first floor and bedrooms and bathroom on the second floor.

The red render is consistent with the existing buildings in the immediate vicinity. Above the pharmacy entrance, the architect adds an accent with wooden elements while the entrance and stairwell for the apartment are clad in lacquered plywood panels.

Het ontwerp van deze apotheek met appartement is het resultaat van een verbouwing en uitbreiding van een eenvoudige rijwoning met gesloten kopgevel. De bestaande trap tegen deze gevel wordt binnenin weggenomen en aan de buitenkant teruggeplaatst. Voor deze nieuwe hal met afzonderlijke toegang voor de apotheek en voor het appartement wordt een nieuwe opengewerkte zijgevel ontworpen. De oude zijtuin wordt op die manier voortuin. De oorspronkelijke ingang via de Oosterlinckhoflaan wordt verplaatst naar het Geestenspoor. Zo krijgt het gebouw een totaal ander beeld naar de straat en omgeving: het wordt veel zichtbaarder vanuit de openbare ruimte. De garage, toegankelijk via Geestenspoor, werd deels magazijnruimte en bureel. De woonruimte van het appartement ligt op de eerste verdieping, slaapkamers en badkamer op de tweede verdieping.

De rode crepie sluit aan bij de bestaande bebouwing van de onmiddellijke omgeving. Boven de ingang naar de apotheek legt de architect een accent met houten elementen terwijl de toegang en traphal van het appartement met gelakte multiplexpanelen wordt bekleed.

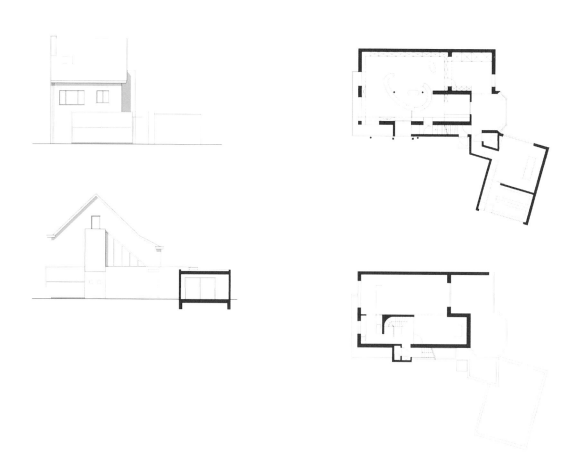

Sint-Jacobsmarkt-Lange Sint-Annastraat, Antwerpen
2005-2012

The planned renovation of the polyclinic - the building was seriously outdated and not suitable for current needs - was rethought when an adjacent decrepit building was purchased and it was decided to build a new construction. The larger volume meant that the works could take place in two phases and an interim relocation of the polyclinic was unnecessary. Moreover, the larger available volume allowed for a considerable expansion of the plan, with a training centre, information centre with library and an auditorium with 150 seats being added. The integration of 34 apartments is economically and socially significant as it creates a return on investment and the presence of permanent residents in a neighbourhood under pressure from growing numbers of student rooms. The project therefore supports the city's social fabric.

Despite the phasing of the building works, the realisation shows great homogeneity: it is broadly neutral in the streetscape but has attractive accents. For example, the grey facade is broken up by balconies, double height and accented in white. The location on the corner of Sint-Jacobsmarkt and Lange Sint-Annastraat presented the risk of an overly monumental, monolithic block. This is slightly offset by a large window on the street level that breaks up the corner impact for the pedestrian. On the highest levels, the same corner is emptied to create a negative form with once more white planes that emphasise the cut-away. With this feature, Jef Van Oevelen also references the urban grain of the other side of the road.

In other ways too, attention was focused on, and respect shown for, the urban style and architectural properties of the immediate environment. For all its modernity, the building is quietly integrated into the streetscape. The specificity of narrow, tall windows found in Antwerp's townhouses is reflected in the outer walls. These windows are further narrowed here and there so as not to encroach on the intimacy of internal activities. These fenestrations also provide a playful rhythm that ensures that the building - although six storeys high - does not unacceptably dominate the narrow streets of Antwerp's historic city centre.

The concern for proportion through a variety of line and plane typologies creates understated yet anything but monotonous facades.

De geplande renovatie van de polikliniek – het gebouw was erg verouderd en niet aangepast aan de actuele noden – werd na de aankoop van een uitgeleefd aanpalend pand, omgezet in een grote nieuwbouw. Door het ruimere volume kon men in twee fases bouwen wat een tussentijdse verhuis van de polikliniek overbodig maakte. Het grotere beschikbare volume liet daarenboven toe om het programma gevoelig uit te breiden met een opleidingscentrum, een informatiecentrum met bibliotheek en een auditorium met 150 plaatsen. Economisch en sociaal niet onbelangrijk is de investeringscompensatie via de integratie van 34 appartementen. De permanente bewoning in de wijk, toch wel onder druk door het groeiend aantal studentenkamers, wordt hiermee versterkt en het sociale weefsel krijgt ondersteuning.

Niettegenstaande de fasering toont de realisatie een grote homogeniteit, globaal neutraal in het straatbeeld maar met aantrekkelijke klemtonen. De grijze gevel wordt bijvoorbeeld doorbroken met portieken, dubbel hoog en met wit geaccentueerd. De situering op de hoek van de Sint-Jacobsmarkt en de Lange Sint-Annastraat bevatte het gevaar van een te monumentale, monolithische blok. Dit wordt erg licht opgevangen door een grote raampartij op straatniveau die het hoekeffect voor de wandelaar doorbreekt. Op de hoogste niveaus is dezelfde hoek leeggehaald tot een negatieve vorm met alweer de witte vlakken die de snede beklemtonen. Jef Van Oevelen refereert hiermee ook aan de korrelgrootte van de overzijde.

Ook op andere wijzen werd aandacht besteed en respect getoond voor het stedelijke karakter en de architecturale eigenheden van de directe omgeving. Het gebouw integreert zich in al zijn moderniteit toch rustig in het straatbeeld. De specifieke smalle en hoge ramen van de Antwerpse herenwoningen zijn in de buitengevels afleesbaar. Hier en daar zijn deze ramen extra versmald om de discretie van het interne gebeuren niet aan te tasten. Zij zorgen ook voor een speelse ritmiek die maakt dat dit gebouw, hoewel de hoek tot zes bouwlagen hoog reikt, in de nochtans smalle straten van het Antwerpse historische centrum, nergens ongepast domineert.

De zorg voor verhoudingen via afwisseling in lijn- en vlakstructuur levert ingetogen maar allesbehalve saaie gevels. De menselijke

maat blijft afleesbaar, o.m. door in de hoofdingang, ook dubbel hoog, het voetpad aan de buitenzijde op niveau +1 te herhalen met een passerelle aan de binnenzijde. Ook de achtergevels, eigenlijk zijn het binnengevels, vertonen die zelfde afgewogen matigheid. Alle appartementen (variërend van 40 tot 140 m2) hebben een terras waardoor ze georiënteerd worden op de oude binnenstad.

Het plan van de polikliniek werd in functie van interdisciplinaire samenwerking vormgegeven. De consultatie- en onderzoeks-ruimtes liggen over drie niveaus gegroepeerd rond een binnentuin en patio op niveau -1. De circulatie verloopt spontaan en in grote openheid. De appartementen zijn bereikbaar via drie ingangen op straatniveau en worden verder ontsloten via gaanderijen aan de noordgevel. Een discrete inrit leidt naar een parkeergarage voor bewoners en personeel.

Jef Van Oevelen heeft hier de monolithische bestemming van dit hoekpand op een intelligente manier uitgedaagd. Details zijn uitge-licht, doorkijken relativeren de maat, circulatie structureert.

The human scale remains readable, for example, by repeating the footpath on the exterior with a walkway on the interior on level +1 in the main, double height entrance. The rear elevations, which are actually interior facades, exhibit the same balanced moderation. All the apartments (varying in size from 40 to 140 m2) have a balcony facing the Old Town.

The plan for the polyclinic was based on the need for interdisci-plinary collaboration. The consultation and examination rooms are grouped on three floors around a courtyard and patio on level -1. Circulation is spontaneous and very visible. The apartments are accessed through three entrances at street level as well as from galleries on the north facade. A discreet driveway leads to a car park for residents and staff.

Jef Van Oevelen challenges the monolithic destiny of such a corner development with an intelligent response. Details are highlighted, windows relativise the size, circulation provides structure.

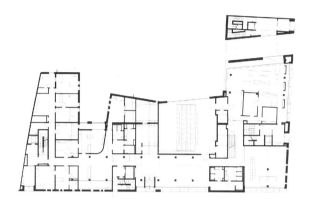

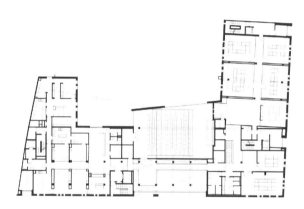

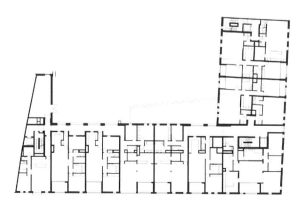

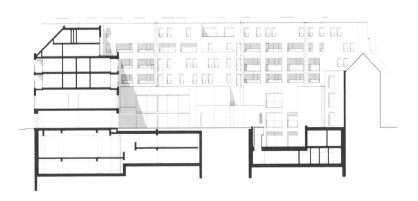

As a client, you have no idea

what kind of a conjuring trick you can expect from an architect.

As usual in the social sector,

it has to be quality for not much money.

Along came our architect...

After twice appearing before the buildings aesthetics committee,

he created a gem for CM Antwerp,

fully in accordance with our desires.

Jos Muyshondt - director-general CM Antwerp

Als opdrachtgever heb je er geen benul van

welke goocheltoeren je van een architect verwacht.

Zoals meestal in de sociale sector

verwachten we hoge kwaliteit maar zonder overdreven kostenplaatje.

Daar stond dan onze architect…

Na tweemaal verschijnen voor de Antwerpse welstandscommissie

werd voor CM Antwerpen een parel gerealiseerd,

volledig volgens het verlanglijstje.

Jos Muyshondt - algemeen directeur CM Antwerpen

ASSISTENTIEWONINGEN EN DAGVERZORGINGSCENTRUM DP / SHELTERED ACCOMMODATION AND DAYCARE CENTRE DP

Stationsstraat, Duffel
2006 - 2014

The area around Stationsstraat is largely home to care services in the broad sense: kindergarten and elementary schools, a secondary school, a psychiatric centre, a retirement and care facility and a convent with nursing facilities. The complex of 54 assisted living units, a care centre and a cafeteria is the first stage of the Ter Elst-Kerkenblok SIP and therefore sets the agenda for the further development of the site.

The heavily built-up street contained two derelict buildings and limited housing in between. Jef Van Oevelen resolved this fact by creating a two-fold design: a U-shaped building around a square and a block on the street, with a passageway in between to the area at the back. Four storeys are provided in total, which has been the profile in the street for some time. The partitioning is particularly refreshing when contrasted with the unbroken facade structure of the convent and schools across the way. The opening up of the streetscape with a scaled urban square and a short-cut for pedestrians rehabilitates the public space. The large glass elevation at the back of the square and the glazed volume above the passage keep the circulation system clear and on a human scale, especially in the (semi-)public areas. The square provides access to the public services.

All apartments are adaptable and polyvalent with the occupant as the first consideration. Furthermore, the majority have their own terraces and easy access to the communal green area.

De omgeving van de Stationsstraat is in belangrijke mate gevuld met zorgbedrijven in de ruime betekenis: kleuter- en basisonderwijs, een secundaire school, een psychiatrisch centrum, een rust- en verzorgingsinstelling en een klooster met verzorgingsfaciliteiten. Het complex met 54 assistentiewoningen, een verzorgingscentrum en cafetaria vervolledigt dit als eerste invulling van het RUP 'Ter Elst-Kerkenblok' en zet zo een trend voor de verdere ontwikkeling van het gebied.

De behoorlijk volgebouwde straat bevatte twee braakliggende panden met tussenin beperkte woningbouw.

Dit gegeven werd door Jef Van Oevelen uitgewerkt in twee delen, een U-vormig gebouw met een plein en een blok dwars op de straat, waartussen een doorgang naar het achterliggende gebied. Over de totaliteit zijn vier bouwlagen voorzien, het gabarit dat al enige tijd de norm is voor de straat. De compartimentering is bijzonder verfrissend tegenover de aaneengesloten gevelstructuur van klooster en scholen aan de overzijde. Het openbreken van het straatbeeld met een geschaald stedelijk plein en een doorsteek voor voetgangers herwaarderen de openbare ruimte. De grote glasgevel achteraan het plein en de glazen verbinding boven de doorsteek houden de mens en de menselijke maat in het circulatieschema, in het bijzonder op die plaatsen die (semi)publiek zijn. Het plein biedt toegang tot de openbare functies.

Alle flats zijn aanpasbare en polyvalent te gebruiken appartementen waar de bewoner centraal staat. De meeste flats hebben daarenboven een eigen terras of een eenvoudige toegang tot het gemeenschappelijke groene gebied.

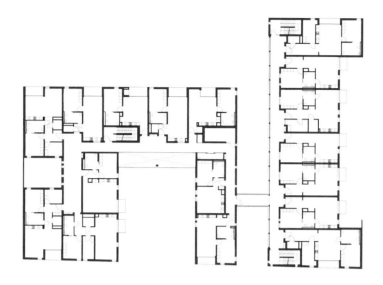

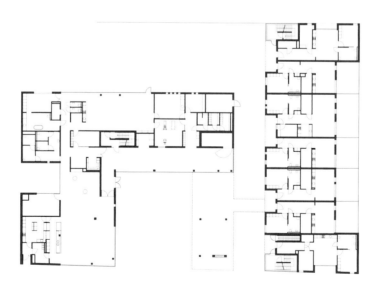

Respect for the old features

is carefully combined with a new construction.

The renovation applied contemporary solutions

but also restored old parts to their original state.

Light and transparency is repeatedly used as a material.

The convent became a flexible modern house

equipped for the future.

Werner Peeremans - coordinator finances and economics vzw Emmaüs

Respect voor de oude waarden

werd zorgvuldig gecombineerd met nieuwbouw.

De renovatie bracht eigentijdse antwoorden

maar herstelde oude delen ook terug in hun oorspronkelijke staat.

Licht en transparantie zijn daarbij herhaaldelijk als materiaal gebruikt.

Het klooster werd een modern flexibel huis,

voorzien voor de toekomst.

Werner Peeremans - financieel economisch coördinator vzw Emmaüs

APPARTEMENTEN V /
APARTMENTS V

Volkenbondstraat, Niel
2007-2013

This project is the result of a limited competition organised by the association VLABO (Vlaanderen Bouwt) (Flanders Builds). This association organises and coordinates partnerships between landowners (municipalities, PCSW, inter-municipals, private owners), contractors, architects and public services. Participants must submit a design that includes pricing: the architect thus works with a contractor from the outset.

The complex of 19 residential units of 1, 2 and 3 bedrooms is situated at the end of a street. This allows for part of the project to be placed on the street with a second section set back, opening up views of the green setting. There is therefore space for a small square with a car park. By switching the orientation of the living rooms in this block from front facade to rear elevation and by positioning the vertical circulation to the apartment entrances on the side of the square, this area has sufficient activity and life to make it functional.

The facade materials are render and fibre cement plates; the galvanised steel stairs and landings provide a fun element.

Jef Van Oevelen demonstrates that he has the public space under control. He makes it liveable by harmonising design, scale and organisation.

Dit project is het resultaat van een beperkte wedstrijd georganiseerd door de vzw VLABO (Vlaanderen Bouwt). Deze vzw organiseert en coördineert de samenwerking tussen grondeigenaars (gemeente, OCMW, Intercommunale, privé-eigenaar), aannemers, architecten en openbare diensten. Deelname gebeurt door het indienen van een ontwerp met prijsberekening; al van in het begin werkt de architect dus samen met de aannemer.

Het complex van 19 wooneenheden met 1, 2 en 3 slaapkamers wordt gerealiseerd op het einde van een straat. Dit is de reden waarom een deel van het project aan de straat geplaatst wordt maar een tweede deel achteruit is getrokken. Op die manier wordt het zicht naar het omliggend groen open. Zo ontstaat er een pleintje voor het complex waarop ook de parkeerplaatsen aansluiten. Door de oriëntatie van de leefruimtes in dit blok af te wisselen van voor- naar achtergevel en de verticale circulatie naar de toegangen van de appartementen aan de zijde van het plein te leggen, is er genoeg activiteit en leven aan het plein om dit leefbaar te maken.

De gevelmaterialen zijn crepie en wandbekleding in vezelcementplaten; de gegalvaniseerde stalen trappen en bordessen geven het geheel een speelse vormgeving.

Jef Van Oevelen toont dat hij de openbare ruimte onder controle heeft. Hij houdt ze leefbaar door vormgeving, schaal en organisatie van dit complex perfect op elkaar af te stemmen.

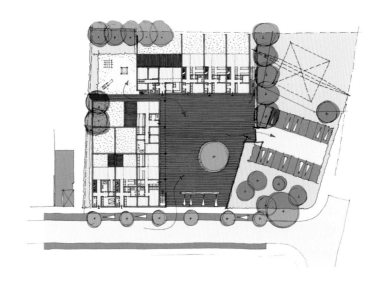

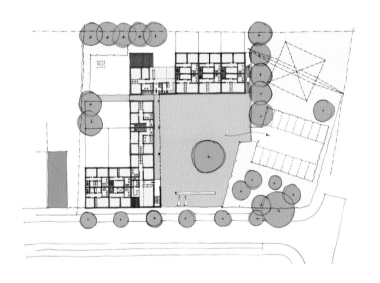
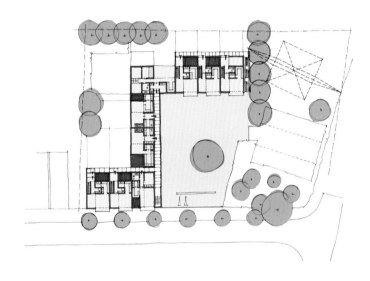

To execute a newbuild

while assuring the continuity of the **CM** polyclinic's activities

is no mean feat in this cramped space in the heart of the city.

The entire project was successfully completed

with respect for the budget and quality demands and on time

- thanks to good relations within the construction team

and the constantly watchful eye

of architect Jef Van Oevelen.

Jos Kempen - chief executive Vanhout nv

Een nieuwbouw realiseren

en toch de continuïteit van de **CM** polikliniek garanderen,

het is geen sinecure op deze beperkte ruimte in het hart van de stad.

Dankzij de goede verstandhouding binnen het bouwteam

en het niet aflatende waakzaam oog van architect Jef Van Oevelen

werd het project met respect voor het budget,

binnen de kwaliteitseisen en binnen termijn

tot een goed einde gebracht.

Jos Kempen - bestuurder Vanhout nv

BIJZONDERE JEUGDZORG VC / SPECIAL JUVENILE CARE VC

Waarlooshofstraat, Hoboken
2007-2013

Van Celsthuis is a facility for Special Juvenile Care. It is aimed at children from 14 to 18 years old who find themselves in a troubled home situation that requires temporary residential or ambulatory help. Once again, architect Jef Van Oevelen's wide experience in social building projects ensured the proper interpretation of the complex building scheme. Despite the paramount role of privacy and discretion in this project, the result is an open building. The entire project is a balancing act between multiple levels of openness and privacy. Open communication is translated into layout, structure and positioning of the buildings. The young occupants should not have the impression that they are locked up but the exact opposite, that they are being invited to reintegrate. Buildings and their layout play a supporting role in the individual care trajectory, both as part of the necessary continuity and as a dynamic force.

There are 46 residential places within different categories: life skills training, living independently in a room or studio and supervised independent living. The building is opened up by the patio, glazed corridor and transparent suspended walkway. The different groups receive their own distinctive interior and exterior spaces.

Dark brown stone is used, punctuated by white and orange planes in sheeting material, for the sober metre of the brick facades. Aluminium joinery and U-shaped glass profiles provide ample light. The facade design is a response to the specific context. Adjacent plots will be built over so that Van Celsthuis, with a suitable volume, will be woven into the urban fabric of Hoboken.

Het Van Celsthuis is een voorziening binnen de Bijzondere Jeugdzorg. Jongeren van 14 tot 18 jaar die zich in een problematische opvoedingssituatie bevinden waarvoor tijdelijke residentiële of ambulante hulp noodzakelijk is, kunnen er terecht. De ruime ervaring van architect Jef Van Oevelen in sociale bouwprojecten zorgt ook hier voor een goede invulling van het complexe bouwprogramma. Niettegenstaande privacy en discretie in dit project voorop staan zien we hier een open gebouw. Het hele project is een evenwichtsoefening rond openheid en privéleven, in alle geledingen. 'Open communicatie' krijgt zijn vertaling in inrichting, structuur en inplanting van de gebouwen. De jonge bewoners mogen niet het gevoel krijgen opgesloten te zitten maar worden net uitgenodigd om zich opnieuw te integreren. Gebouwen en hun inrichting hebben een ondersteunende functie in het individuele zorgtraject, zijn deel van de geboden continuïteit maar zijn meteen ook dynamisch.

Men biedt 46 residentiële plaatsen binnen verschillende werkvormen: leergroepen, kamertraining, studio wonen en begeleid zelfstandig wonen. Dankzij de patio en de glazen gang en doorzichtige passerelle wordt het gebouw opengetrokken. De verschillende leefgroepen krijgen een eigenheid in binnen- en buitenruimten.

Voor de sobere ritmische baksteenarchitectuur werd voor de gevels donkerbruine steen gebruikt doorbroken door witte en oranje vlakken in plaatmateriaal. Aluminium schrijnwerk en glazen U-vormige profielen zorgen voor ruime lichtinval. De vormgeving van de gevels vloeit voort uit de specifieke context. Aanpalende percelen zullen nog bebouwd worden zodat het Van Celsthuis met zijn passend volume mee opgenomen wordt in het stadsweefsel van Hoboken.

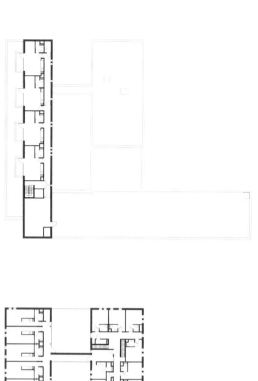

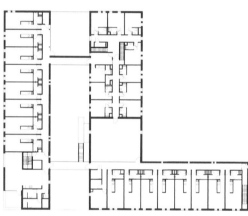

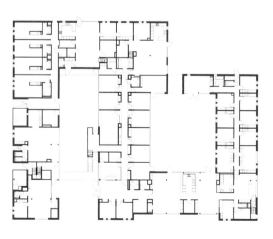

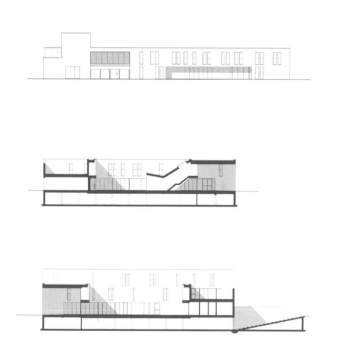

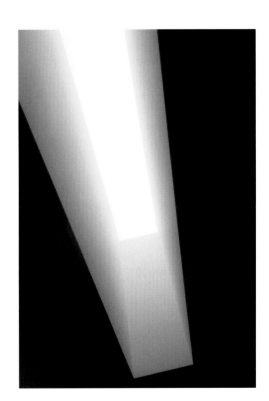

CULTUURCENTRUM / CULTURAL CENTRE

Lierselei, Malle
2010-2014

The municipality of Malle has a number of properties in the centre of Oostmalle, including the existing cultural centre De Notelaar and the former school with playground as well as the extensive open space around it. AID Architects, Jef Van Oevelen and Stramien were in charge of the master plan, the urban concept, the architecture and the construction of the public space for this site.

Jef Van Oevelen designed the building from the premise that the cultural centre should be remodelled and extended. The design capitalises on the public space, partly by providing a spacious, natural light-generating patio that clearly defines the circulation to the different parts of the building. There is a new library, rooms for youth activities, apartments and a large number of social housing units. A large car and bicycle park is situated underground.

The library is housed in a fully transparent base that extends under the building. It faces the new square as does the De Notelaar cultural centre. This square becomes a new inviting village square that attracts visitors to the library and cultural centre.

Above the new library are 26 social housing units and 13 modest homes of three storeys. All homes are accessed via a central lift and three exterior staircases that give on to a walkway. This walkway lends the residential section of the building the same open aspect. A public courtyard is situated on the first floor to encourage social interaction.

The project receives a sober, rhythmic facade of nuanced red brick that in colour strongly relates to the nearby church of Oostmalle. This facade is invigorated by exposed steel construction elements and white sheet materials that accent the entrance to the homes. Robust cantilevered volumes give the building dynamism and a strong presence in the centre of Oostmalle.

With the execution of this architecturally exciting site, Malle shows its commitment to innovative social policies.

De gemeente Malle beschikt midden in het centrum van Oostmalle over een aantal eigendommen waaronder het bestaande cultuurcentrum De Notelaar, de oude gemeenteschool met speelplaats plus de ruime open terreinen errond. AID Architecten, Jef Van Oevelen en Stramien ontwierpen het masterplan, het stedenbouwkundige concept, de architectuur en de aanleg van de openbare ruimte voor dit gebied.

Jef Van Oevelen staat in voor het gebouw dat vertrekt van het te vernieuwen en te verruimen cultuurcentrum. Het ontworpen gebouw speelt handig in op de openbare ruimte, mee door het voorzien van een ruime, natuurlijk licht creërende patio die de circulatie naar de verschillende delen van het gebouw verduidelijkt. Er komt een nieuwe bibliotheek, lokalen voor jeugd, appartementen en een ruim aantal sociale woningen. Ondergronds is er een grote parking voor auto's maar ook voor fietsen.

De bibliotheek is een volledig transparante sokkel die onder het gebouw doorloopt. Ze is gericht naar het nieuwe plein waar ook het cultuurcentrum De Notelaar op uit geeft. Dit plein wordt een nieuw dorpsplein dat uitnodigend werkt en bezoekers aantrekt naar bibliotheek en cultuurcentrum.

Boven op de nieuwe bibliotheek komen 26 sociale woongelegenheden en 13 bescheiden woningen die gerealiseerd worden in 3 lagen. Alle woningen zijn bereikbaar via een centraal gelegen lift en drie buitentrappen die uitgeven op een gaanderij. Dankzij deze gaanderij behoudt ook het woongedeelte van het gebouw een open karakter. Op de eerste verdieping is er een publiek binnenplein dat gelegenheid biedt om de sociale contacten te verruimen.

Het project krijgt een sobere, ritmische gevelopbouw in rood genuanceerde baksteen die in kleur sterk aansluit aan de nabijgelegen kerk van Oostmalle. De in het zicht blijvende stalen constructie-elementen en wit plaatmateriaal als accent voor de toegang tot de woningen werken verfrissend. Door robuuste uitkragende volumes krijgt het gebouw een dynamisch karakter en sterke uitstraling naar het centrum van Oostmalle.

Met het realiseren van deze architecturaal boeiende site kiest Malle resoluut voor een vernieuwend sociaal beleid.

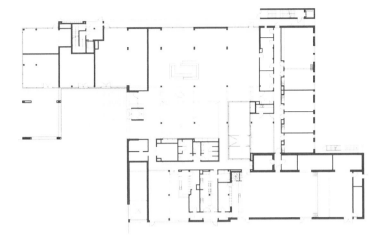

HET STOKTSE PLEIN / STOKTSE PLEIN

Brugstraat - Rerum Novarumlei, Turnhout
2013

The competition design for the Stoktse Plein (Stoktse Square) envisages the building of 12 social housing buildings and the renovation of 20 terraced houses, all within one building block with a large inner square. For this competition, Jef Van Oevelen designed to the explicit wishes of the current inhabitants: to retain and reinforce mutual engagement by means of the central green area.

The new homes are located on the south side and are provided with their own small forecourt. The inner square is once again closed on all four sides by private gardens with back gates, a row of trees and a path. The square is accessible from the outside in three places: the original path, a new entrance for deliveries, security etc. by way of the new square and a more obvious opening from the site of the community hall (that in theory remains where it is). The central space is completely relaid with new playground equipment, lawn, playgrounds and outdoor seating.

The social housing is arranged in two blocks of terraced properties. Jef Van Oevelen breaks up the uniformity by varying the roof pitches and orientation. The different types (two or three bedrooms with variants) thus retain their individuality. The facade has been kept rather closed to the forecourt side. In conformity with the existing houses, the rear elevation is open and has access to the inner square where possible.

The compact form is intended, among other things, to increase energy efficiency. In other ways too, the buildings were designed to obtain the E40 very low energy standard. Technical areas are under the roofs in the attics that also provide additional storage space.

Het wedstrijdontwerp voor het Stoktse Plein voorziet in de bouw van 12 sociale huurwoningen en de renovatie van 20 rijwoningen, alle binnen één bouwblok met een groot binnenplein. Voor dit wedstrijdontwerp ging Jef Van Oevelen uit van de expliciete wensen van de huidige bewoners: het in stand houden en versterken van de onderlinge betrokkenheid via de centrale groene ruimte.

De nieuwe woningen bevinden zich op de zuidzijde en krijgen een eigen beperkt voorplein. Het binnenplein wordt opnieuw langs de vier zijden omsloten door de private tuinen met hun achterpoortje, een bomenrij en een wandelpad. Het plein zelf is vanaf buiten bereikbaar via drie plekken: het oorspronkelijke voetpad, een nieuwe toegang voor leveringen, veiligheidsdiensten... via het gerealiseerde stadsplein bij de nieuwbouw en een meer duidelijke doorbraak vanop het bouwperceel van het wijkhuis (dat op zich ook behouden blijft op dezelfde plek). De centrale ruimte krijgt een volledige heraanleg met nieuwe speeltuigen, groen, speelpleinen en zitplaatsen.

De sociale huurwoningen zijn gegroepeerd in twee blokken van aaneengesloten woningen. Met de variatie in dakhelling en -richting doorbreekt Jef Van Oevelen de uniformiteit. De verschillende types (twee en drie slaapkamers met varianten) behouden zo hun eigenheid. Aan de zijde van het buitenplein is de gevel eerder gesloten gehouden. Conform de bestaande huizen is de achtergevel open en waar mogelijk met doorgang naar het binnenplein.

De compactheid heeft onder meer tot doel de energie-efficiëntie te verhogen. Ook op vele andere manieren is er gewerkt om een E-peil van E40 te kunnen halen. De technieken zitten in de zolderruimtes onder het dak, waar ook extra berging is.

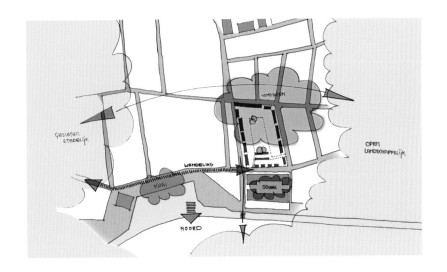

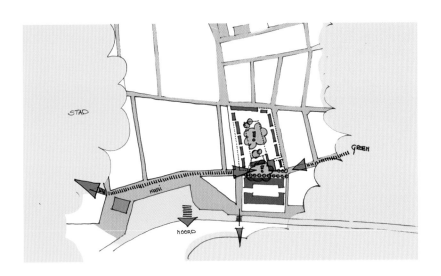

NOORD

EVALUATIE HUIDIGE TOESTAND

NOORD

VISIE /SCENARIO

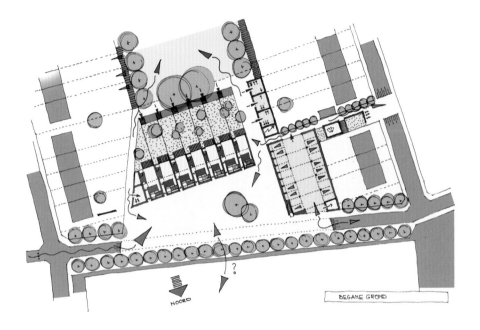

NOORD

BEGANE GROND

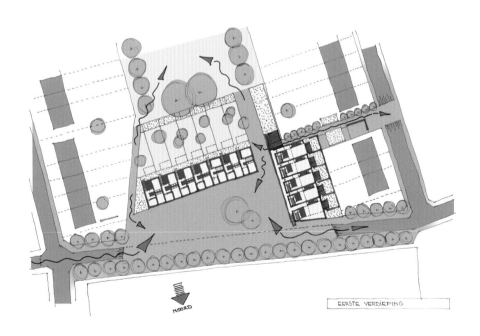

NOORD

EERSTE VERDIEPING

650   550

1200

TYPE 3/5   TYPE 2/3

650   550

1200

TYPE 3/5   TYPE 2/3

TYPE WONINGEN

TYPEWONINGEN

550

1200

3/5 TYPE   VARIANTE ROLSTOELBEWOONBAAR
2/3 TYPE   VARIANTE ROLSTOELBEZOEKBAAR

TYPE 2/3   ROLSTOELVARIANTE
TYPE 3/5   ROLSTOELVARIANTE

TYPEWONINGEN

TYPEWONINGEN

**GEMEENTEHUIS /
TOWN HALL**

Kerkplaats – Kaakstraat, Wommelgem
2012 – heden

For this award-winning competition design for a new town hall for Wommelgem, Jef Van Oevelen takes the Kaakstraat-Dasstraat-Handboogstraat building as his starting point. The result is a reconfiguration of the existing public space, including Kerkplein (the church square), using mutually responsive elements. The environment, the built-up space and the functions of the various components run seamlessly into each other. The basic concept is openness and flexibility. The building would need to be able to evolve with its future needs.

The old town hall on one side of the square is preserved with a small-scale catering addition. The building retains its autonomy to a large extent and its interaction with the square is reinforced. The corner building between Kerkplaats and Handboogstraat is removed to make way for a new volume. The ground floor of this building functions as an agora for a plethora of activities. It is an extension to the cafe. This area can host exhibitions, lectures, intimate musical performances and so on and is also the location of the town hall's main reception hall. There is intensive communication between inside and outside. A primary focus was placed on combining a high amenity value with a maximum ease of use. The key role of the agora is emphasised by internal connections that float within the space, with ramps and steps to link the various parts and functions of the actual town hall. The extension to the existing building volume produced three storeys with an open structure. Small, enclosed units for archives, toilet facilities, individual offices and conference rooms are spread across open plateaux. A broad open street dissects the floor with counters on either side. The openness of the building is most clearly represented by the council chamber on the first floor with its large window opening on to Kerkplein.

In order to tie in the existing building complex between Handboogstraat and Dasstraat, an additional volume was provided adjacent to the new town hall. It offers a back-up space for municipal services during the building works and will receive a new purpose when the project has been completed: public services, a commercial space, and so forth.

Bij dit bekroonde wedstrijdontwerp voor een nieuw gemeentehuis in Wommelgem, vertrekt Jef Van Oevelen vanuit de vervollediging van het bouwblok Kaakstraat-Dasstraat-Handboogstraat. Daardoor herformuleert hij het bestaande publieke domein, inclusief het Kerkplein, aan de hand van op elkaar inspelende elementen. De omgeving, de gebouwde ruimte en de functies van de verschillende delen lopen naadloos en drempelloos in mekaar over. De basisgedachte is openheid en flexibiliteit. Het gebouw zal maximaal kunnen mee-evolueren met zijn eigen toekomst.

Aan de zijde van het kerkplein blijft het oude gemeentehuis bewaard met een kleinschalige horeca-invulling. Het gebouwtje behoudt in belangrijke mate zijn autonomie en het contact met het kerkplein wordt versterkt. Het hoekhuis verdwijnt zodat tussen Kerkplaats en Handboogstraat een nieuw volume kan gerealiseerd worden. Het gelijkvloers ervan fungeert als een agora voor vele mogelijke activiteiten. Het is een verlengde van het café; er kunnen tentoonstellingen, lezingen of intieme muziekuitvoeringen georganiseerd worden en ook het eerste onthaal van de gemeente situeert zich hier. Binnen en buiten communiceren intens. Er is actief gewerkt aan de combinatie van een hoge belevingswaarde en een maximale gebruikswaarde. De sleutelrol voor de agora wordt beklemtoond door de interne verbindingen die door de ruimte zweven, met hellingen en trapjes, om de verschillende bouwdelen en functies van het eigenlijke gemeentehuis te verbinden. Door een uitbreiding van het bestaande bouwvolume worden drie bouwlagen gerealiseerd in een open landschapstructuur. Kleine gesloten eenheden voor archief, sanitair, individuele kantoren of vergaderlokalen liggen verspreid over de open plateaus. Telkens loopt er een brede open straat doorheen de verdieping met aan weerszijden balies. De openheid van het gebouw wordt het sterkst gedemonstreerd in de raadzaal op de eerste verdieping, met een groot raam uitgevend op het Kerkplein.

Om het bestaande bouwblok tussen Handboogstraat en Dasstraat te kunnen sluiten, is er naast het nieuwe gemeentehuis een bijkomend volume voorzien. Het biedt uitwijkruimte voor gemeentelijke diensten tijdens de bouwwerken en kan achteraf een andere bestemming krijgen: openbare dienst, commerciële bestemming…

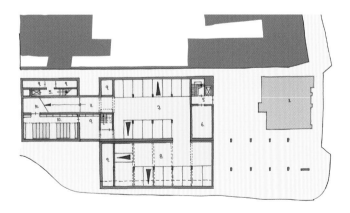

METICULOUS INTEGRATION

'Self-evident' is the adjective that best applies to Jef Van Oevelen's architecture. 'Self-evidency' seems to be a contemporary paraphrasing of the ideas of Jaap Bakema (Netherlands, 1914-1981) regarding smooth transitions. The notion arises from an article that appeared in the Dutch architectural magazine Forum: Drempel en ontmoeting: de gestalte van het tussen (Threshold and encounter: the shape of the intermediate). By attuning divergent elements, a more gradual transition can be achieved between high-rise and low-rise, between the human dimensions and larger scales. Social aspects, such as engagement and participation are also paramount. In Forum's critique on the CIAM, Aldo Van Eyck (1918-1999) and Herman Hertzberger among others, advocated for non-functionalist building forms. All three of these architects had a great influence on architecture education.

The notary's office with four apartments in Ekeren marks a significant moment in the development of Jef Van Oevelen's architecture. It is the first example of the seeming effortlessness with which he integrates a new multifunctional building into the environment. It is finely-gauged, with a comprehensive perspective on the square (which, however, recently lost its scale through an inappropriate addition of six storeys) and its existing proportions, meticulously worked out. The entirety has the aforementioned unforced naturalness.

The impact of analytical insights on the final design appears to be great. Renovation alliterates with respect. The many small and large remodelling projects always start from a responsive attitude to the existing building. Additions are clearly visible and recognisable (form and materials are selected from a contemporary perspective) but always keep to the rhythm of the original. Elaboration and reworking appear to be the methods for balanced, harmonious designs. Shape and size also reference, often inconspicuously, the wider environment. Although hidden behind the old convent walls, the Duffel project is an example of how to complement and embrace with care and sensitivity.

Jef Van Oevelen providently builds up homogeneity in his work without falling into the trap of dull and pedantic repetition. His realisations are extremely fine compositional exercises inspired by detail and for which each component contributes to the final picture. Even the cleverest references are absorbed into the modest inevitability of the whole.

Vanzelfsprekend, zo zou je de voorbeelden van architecturale integratie van Jef Van Oevelen kunnen omschrijven. Vanzelfsprekendheid lijkt ook een gepaste hedendaagse parafrasering van de ideeën van Jaap Bakema (Nederland, 1914-1981) waar deze pleit voor zachte overgangen. De gedachte is afkomstig uit het artikel 'Drempel en ontmoeting: de gestalte van het tussen' in het Nederlandse architectuurtijdschrift Forum. Door het op elkaar afstemmen van de verschillende elementen kan een meer geleidelijke transitie bereikt worden tussen hoogbouw en laagbouw, tussen de menselijke maat en grootschaligheid. Ook de sociale aspecten als betrokkenheid en deelname staan voorop. In de kritiek van Forum op CIAM werd er, samen met o.a. Aldo van Eyck (1918-1999) en Herman Hertzberger, gepleit voor niet-functionalistische bouwvormen. Alle drie hadden deze architecten een grote invloed op het architectuuronderwijs.

Het notariaat met vier appartementen in Ekeren markeert een belangrijke verworvenheid in de ontwikkeling van de architectuur van Jef Van Oevelen. Het is het eerste voorbeeld waarin hij schijnbaar achteloos een nieuwbouw met verschillende functies in de omgeving inpast. Hij doet dit fijn afgemeten, met een brede kijk op het plein (dat echter recent zijn schaal verloor door een ongepaste invulling met zes bouwlagen) en de aanwezige verhoudingen, minutieus uitgewerkt. Het geheel krijgt daardoor de vermelde vanzelfsprekendheid, ongeforceerd.

De impact van analytische inzichten op de uiteindelijke vormgeving blijkt erg groot. Renovatie allitereert spontaan met respect. De vele kleine en grote verbouwingen vertrekken steeds vanuit een alerte houding ten opzichte van het bestaande. Toevoegingen zijn visueel duidelijk herkenbaar (vorm en materialen worden vanuit een eigentijdse visie geselecteerd) maar houden steeds de maat met wat er al was. Uitwerken en herwerken lijken de methode te zijn voor welafgewogen, harmonische ontwerpen. Vorm en maat refereren, dikwijls onopvallend, ook naar de ruimere omgeving. Weliswaar onzichtbaar verborgen achter de oude kloostermuren is ook de realisatie in Duffel een staalkaart van voorzichtig en aftastend aanvullen en omhullen.

Zorgvuldig bouwt Jef Van Oevelen in dit oeuvre aan homogeniteit zonder te vervallen in saaie herhaling of pedante kopie. Het zijn uitermate fijne en op detail geïnspireerde compositorische oefeningen waarbij elk onderdeel meespeelt in het grotere geheel. Ook de meest intelligente verwijzingen gaan op in de bescheiden noodwendigheid van het geheel.

NOTARIAAT EN VIER APPARTEMENTEN VR /
NOTARY'S OFFICE AND FOUR APARTMENTS VR

Kristus Koningplein - Jozef De Weerdtstraat, Ekeren
1987-1990

In 1987, for a square of rather nondescript buildings right in the centre of Ekeren, Jef Van Oevelen designed a striking but unobtrusive building intended to house a notary's office and a few apartments. Due to planning regulations, this project, executed on a vacant plot between two existing houses, has a fairly large volume. This is what led to the decision to add four residential units. A small courtyard was kept on the plot and this provides additional natural light.

Working and living are strictly divided for this project, with clearly indicated, separate entrances. Differentiation of the building volumes also creates different identities for the parts of the building that house the notary's office and the apartments.

The solution for the corner, a highly visible and strong rounding off of the building, is a skilful interaction with the public space. The obtuse angle of the Jozef De Weerdtstraat plot means that the long facade with the entrance stairs to the apartments is also facing the open square. This makes the homes exceptionally light and pleasant.

Access to the notary's office is along the side nearest the square and access to the apartments is completely separate on the other side via an open staircase: a public walkway upwards along the side elevation. This allows residents to have contact with the street right up to their private front doors. Communal sections and consequently communal costs and maintenance - often leading to disagreements and irritations - are avoided. These autonomy and liveability factors provide added value for the different functions of the building. While communication between the residents themselves remains possible, it is less forced than when people are compelled to use a classic entrance hall and staircase. The open stairs also invite more interaction with the environment.

Despite the use of traditional materials such as blue stone and red brick, the building has a fresh vibe in the fairly dull setting. The breaking up and opening out of the facades results in a powerful identity, a clear landmark in the centre of the town. The architect demonstrates great sensitivity to the physical environment and thus creates a perfectly integrated building that reflects a strong imagination and disciplined use of materials. In 1991, Jef Van Oevelen received a well-deserved Baksteen Prize (Brick Prize) for this project.

Op een plein met een vrij banale bebouwing, pal in het centrum van Ekeren, ontwerpt Jef Van Oevelen in 1987 een opvallend maar niet opdringerig gebouw met als programma een notariskantoor plus enkele appartementen. Dit project dat gerealiseerd wordt op een braakliggend terrein tussen twee bestaande woningen, heeft omwille van stedenbouwkundige voorschriften een vrij ruim volume. Daarom worden er naast het notariskantoor ook vier woningen voorzien. Op het perceel wordt een kleine open binnenkoer behouden die zorgt voor extra lichtinval.

Werken en wonen zijn in het project strikt gescheiden wat helder wordt aangegeven door de verschillende toegangen. Ook door de differentiatie van de volumes worden de verschillende onderdelen van het gebouw, notariaat en appartementen evident herkenbaar gemaakt.

De aandacht voor de hoekoplossing door het direct zichtbaar en sterk afronden van het gebouw, speelt handig in op de openbare ruimte. Door de stompe hoek van het bouwperceel in de Jozef De Weerdtstraat is ook de lange gevel met de toegangstrappen naar de appartementen naar het open plein gericht. Dit maakt het wonen bijzonder licht en aangenaam.

De toegang tot het notariaat ligt langs de pleinzijde van het gebouw, de toegangen naar de appartementen volledig afzonderlijk langs de andere kant via een open trap: een publieke wandeling langsheen de zijgevel omhoog. Hierdoor behoudt de bewoner het contact met de straat tot aan zijn private toegang. Gemeenschappelijke delen met als gevolg gemeenschappelijk kosten en onderhoud, dikwijls aanleiding tot discussie en ergernis, zijn vermeden. Autonomie in bereikbaarheid en beleefbaarheid zijn een meerwaarde voor de verschillende functies in het gebouw. Communicatie tussen de bewoners onderling blijft mogelijk maar verloopt minder gedwongen in vergelijking met de klassieke inkomhall en trappen. De opengewerkte trappen nodigen ook naar de omgeving uit tot contact.

Niettegenstaande het gebruik van klassieke materialen als blauwe hardsteen en rode gevelsteen heeft het gebouw een frisse uitstraling naar de vrij alledaagse omgeving. Het doorbreken en openen van de gevels resulteert in een krachtig geheel, een duidelijk punt van herkenning in het centrum van de gemeente. De architect toont een grote gevoeligheid voor de ruimtelijke omgeving wat resulteert in een perfect geïntegreerd gebouw dat getuigt van een sterke verbeelding en beheerst materiaalgebruik. Terecht ontving Jef Van Oevelen hiervoor de Baksteenprijs 1991.

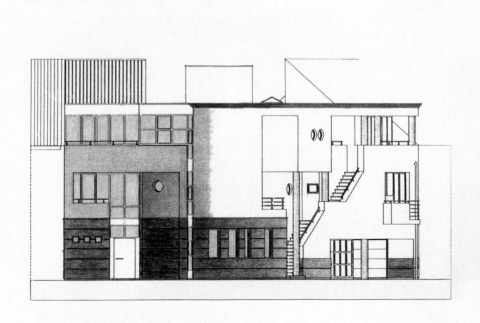

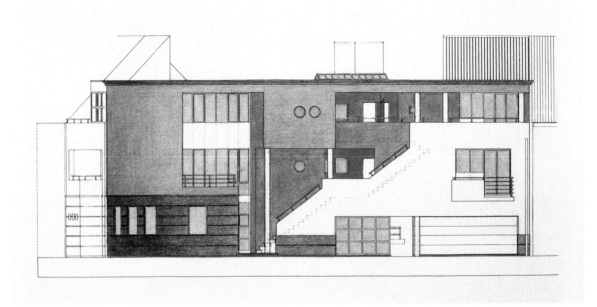

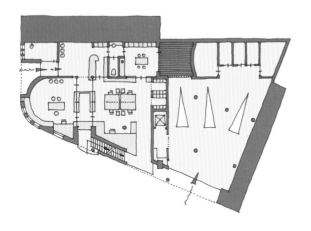

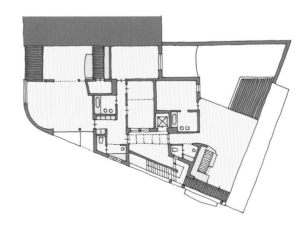

Besides beauty and space,

Jef taught us to appreciate the charm of stone

and rightly won the baksteenprijs (brick prize) in 1991.

Anne en Jef Van Roosbroeck - notary office Ekeren

Naast schoonheid en ruimte,

heeft Jef ons de charme van de steen leren ontdekken,

waarvoor hij in 1991 terecht de Baksteenprijs ontving.

Anne en Jef Van Roosbroeck - notariaat Ekeren

WINKEL MET APPARTEMENT B /
SHOP WITH APARTMENT B

Driehoekstraat 83, Ekeren
1987-1988

The commission was to build a children's clothing boutique and an apartment. With a limited budget and an execution deadline of only 12 months, a new building was not feasible and, therefore, a thorough renovation of the basic structure proved to be the best option. Rather than use the example of the building to the left side as per the urban development regulations, an agreement was reached to allow the building to be a transition between the two adjacent volumes, which yielded some interesting design possibilities. On the ground floor, besides the shop there is also space for a toilet, a small dining area with kitchen and plenty of storage. These rooms are also accessible from a footpath at the back.

In order to create a shop front that could be viewed under cover and away from foot traffic, the shop door and window is set back from the facade. A spiral staircase, in the centre of the house, leads to the first floor with a living room with a south-facing terrace, a bedroom, dressing room, bathroom and storage space. The window of the living room at the front was formerly a dormer window in the sloping roof.

In order to hide the disparate materials that result from the remodelling of the facade, a coating of pink-red tiles of 30 x 30 cm is used that links with the colour of the streetscape and that also provides a fresh and modern touch. The shop name, Benito, is displayed in elegant, subtle neon letters on the facade. There is a minimalist, curved door canopy above the entrance to the shop, which is both functional and attractive.

Het bouwen van een kinderkledingwinkel met appartement was de opdracht. Met een beperkt budget en een uitvoeringstermijn van slechts 12 maanden was een nieuwbouw niet haalbaar zodat een grondige verbouwing met behoud van de basisstructuur de beste keuze bleek.

In tegenstelling tot de opgelegde stedenbouwkundige normen om te bouwen naar het voorbeeld van de linkerbuur is er een akkoord gemaakt om het gebouw een overgang te laten maken tussen de twee aangrenzende volumes, wat vormelijk enkele boeiende mogelijkheden oplevert. Op het gelijkvloers is er naast de winkel ruimte voorzien voor sanitair, een kleine eetruimte met keuken en een ruime opslagplaats. Deze ruimten zijn ook toegankelijk achteraan via een wandelpaadje.

Om rustig en droog de etalage te kunnen bekijken zijn de winkeldeur en de etalage achteruit geplaatst ten opzichte van het gevelvlak. Een spiltrap, centrum van de woning, bereikt de verdieping met een woonruimte met een volwaardig zuidgericht terras, een slaapkamer, dressing, badkamer en bergplaats. Het raam van de woonruimte in de voorgevel was vroeger een dakkapel in het schuine dak.

Om de verschillende materialen als gevolg van de verbouwingen van de gevel weg te werken is een bekleding met een rood-roze tegel van 30 x 30 cm gebruikt die qua kleur aansluit bij het straatbeeld maar tegelijkertijd een fris en modern aspect heeft. De naam Benito werd bescheiden maar mooi in fijne neonletters op de gevel geplaatst. Een extra en ook functioneel accent geeft het gebogen luifeltje boven de ingang van de winkel.

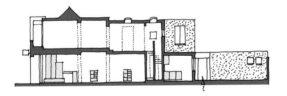

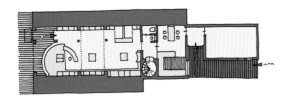

**WONING V /
HOUSE V**

De Beukelaerlaan, Ekeren
2003-2006

This house, a familiar sight when entering Ekeren, was remodelled and renovated. The original 1940 building, by architects A. George and M. Van de Veerdonck, had capitals added either during the construction phase or possibly later, which gave it a rather bizarre and non-contemporary appearance.

The existing staircase on the ground floor is removed from the centre of the house and replaced by a new one on the north side of the building. The concrete plinth course of the original house dictated the facade finish. The relocation of the staircase creates a new circulation that takes you gradually through the layers of the house. Light is drawn deep inside by the removal of a section of ceiling from the living room to create a double-height space. Since the house is intended for a family without children, there is a visually open interface between living room and bedroom. For the interior, all embellishments are removed and the fittings kept sleek and contemporary.

Sensitivity to the modern style of the building resulted in the natural assimilation of added elements. They fit seamlessly into the new pragmatism of interwar period architecture.

Deze woning, een bekend zicht bij het inrijden van Ekeren, werd verbouwd en gerenoveerd. De originele woning die in 1940 werd gebouwd door architecten A. George en M. Van de Veerdonck werd tijdens de uitvoering of mogelijk later van kapitelen voorzien waardoor ze een eerder bizar en 'on'modern uitzicht kreeg.

De bestaande trap op het gelijkvloers wordt uit het centrum van de woning weggenomen en vervangen door een nieuwe trap aan de noordzijde van de woning. De betonnen sokkel van de originele woning bepaalde het gevelmateriaal. Door de nieuwe trap ontstaat er een andere circulatie waardoor je de woning geleidelijk, in kleine stappen ontdekt. Door in een deel van de leefruimte het plafond weg te nemen en de ruimte dubbel hoog te maken wordt licht tot diep in de woning getrokken. Gezien het een woning is voor een gezin zonder kinderen, is er een visueel open relatie tussen leefruimte en slaapkamer. In het interieur wordt al het overbodige weggenomen en de aankleding strak en eigentijds gehouden.

De moderne stijl van de woning wordt goed aangevoeld waardoor de toegevoegde elementen als natuurlijk worden ervaren. Ze passen zich naadloos in bij de nieuwe zakelijkheid van de architectuur uit het interbellum.

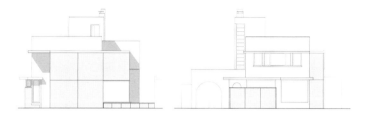

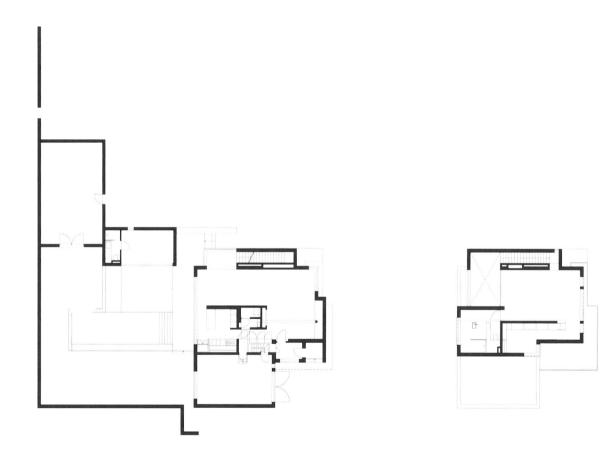

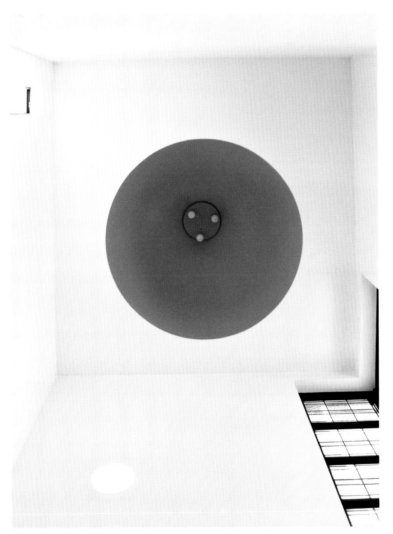

COMMERCIËLE RUIMTES
EN APPARTEMENTEN /
COMMERCIAL PREMISES AND APARTMENTS

Antwerpsesteenweg, Kapellen
2005-2011

Although the total volume of the newbuild is large, the architect was careful in his treatment of the overall size and that of its parts. The street facade is carefully delineated in order to alleviate the monolithism. At street level there are three commercial spaces, a pedestrian passageway (double height) and access to the right hand section together with access for cars to the underground car park to the rear. Three glazed bay windows, across the first and second floors, compartmentalise the facade into six vertical strips. The placement of the windows, in a limited amount of formats, creates variety for the brick facade. This playful rhythm is continued in the different shapes of the recessed and projecting terraces. On the fourth floor, the block is pushed back in order to create spacious terraces.

Entrances are subtly indicated by the wood panelling that stretches to the back. The rear facade of the block parallel to the street also has an airy feel due to the provision of fifteen terraces. The block perpendicular to it is sober and businesslike. The patio forms a pleasant inner space with a semi-public function.

This development is an asset to the streetscape of Antwerpsesteenweg. It offers a breath of fresh air amidst the divergent styles of building without overpowering the smaller structures (workers cottages, bourgeois houses). Jef Van Oevelen shows how contemporary design can be perfectly integrated into an existing development and this demonstration is particularly pertinent when contrasted with the bombastic shopping centre just a few dozen metres away. The project is an accumulation of architectural volumes that reflects the disparate nature of the street profile (variations in heights and breadths). Vertical elements suggest the plot proportions of the original terraced houses.

Hoewel het totale volume van deze nieuwbouw groot is, werd door de architect geslaagd gewaakt over de maat van het geheel en zijn onderdelen. De straatgevel is zorgvuldig uitgetekend om het monolithische te doorbreken. Op het straatniveau zijn er drie commerciele ruimtes, een voetgangersdoorgang (dubbelhoog) en een toegang tot het rechterdeel aansluitend bij een inrit voor auto's naar de achterliggende, ondergrondse parking. Drie glazen erkers, over de eerste en tweede verdieping, compartimenteren de gevel in zes verticale stroken. De plaatsing van de ramen, in een beperkt aantal formaten, zorgt voor een afwisselende indeling binnen de bakstenen gevel. Deze speelse ritmiek wordt nog versterkt door de van vorm wisselende in- en uitspringende terrassen. Op de vierde verdieping springt het blok naar achter in functie van ruime terrassen. De toegangen zijn subtiel gesignaleerd door de houten betimmering die tot achter doorloopt. Ook de achtergevel van het bouwblok parallel aan de straat krijgt door de vijftien terrassen een luchtige look. Het blok dwars daarop is sober en zakelijk. De patio vormt een aangename binnenruimte met een semipubliek karakter.

Deze bebouwing is een aanwinst in het straatbeeld van de Antwerpsesteenweg. Het biedt een verademing in de grote variatie aan bebouwing zonder de kleinere constructies (arbeiderswoningen, burgerhuizen) weg te duwen. Zeker in contrast met de bombast van het winkelcentrum, enkele tientallen meter verder, toont Jef Van Oevelen hier hoe eigentijdse vormgeving perfect in een bestaande omgeving kan ingepast worden. Het geheel is een stapeling van architecturale volumes waarbij het wisselende gabarit van de straat (variaties in hoogte en breedte) bewaard blijft. Verticale elementen suggereren de perceelverhoudingen van de vroegere rijwoningen.

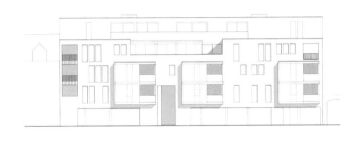

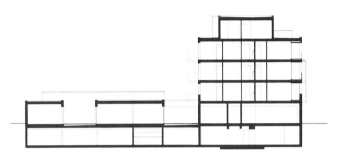

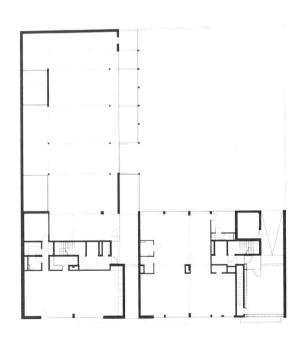

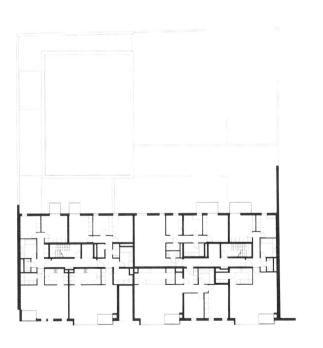

RENOVATIE EN UITBREIDING KLOOSTER / RENOVATION AND EXPANSION OF A CONVENT

Stationstraat, Duffel
2001-2008

The towering enclosed block of the Convent of Betlehem in the centre of Duffel is a formidable presence in the street. Jef Van Oevelen renovated the residential and surrounding areas of this convent community. The historical buildings required a respectful and measured approach to the remodelling with an emphasis on security, liveability and flexibility. Accessibility and approachability are visibly enhanced. Legibility and recognisability of the building complex was given the proper attention using a more logical localisation. The very limited modern comforts were brought up to date. The circulation, both horizontal and vertical, was an important focus and increased light and air was brought into the interior through a series of small interventions that would not compromise the seclusion. This also occurred in the chapel, where the transept on the left was removed. Three courtyards, each with its own symbolism and meaning, link the buildings and their functions. Access can be alongside or through the garden: the interior and exterior merge imperceptibly with each other.

Quality of live was significantly elevated and a new wing with adapted rooms was built for the increasing number of members of the convent community who are reliant on care. The sobriety and refined details of the additions mean an effortless symbiosis between old and new. Once again, light incidence is optimised in the hallway and there are peaceful views on to the large inner garden.

The original wing wrapping round the interior courtyard was demolished and the new wing built in the proper proportions to the existing building.

De aanwezigheid van het Convent van Betlehem in het centrum van Duffel is door het grote, gesloten blok dwingend in het straatbeeld. Jef Van Oevelen renoveerde de woon- en leefomgeving van de kloostergemeenschap. Het noodzakelijke respect voor de historiek van de gebouwen noopte tot een afgewogen hertekening met als leidraad geborgenheid, leefbaarheid en flexibiliteit. Bereikbaarheid en toegankelijkheid zijn duidelijk geherwaardeerd. De leesbaarheid en herkenbaarheid van het gebouwencomplex kreeg de juiste aandacht via een meer logische lokalisatie. De al te beperkte comfortvoorzieningen werden op peil gebracht. De circulatie, zowel horizontaal als verticaal, kreeg veel aandacht en door vele kleinschalige ingrepen komt licht en lucht naar binnen zonder de beslotenheid in gevaar te brengen. Ook in de kapel gebeurde dit door de linker dwarsbeuk te elimineren. Drie binnentuinen met elk een eigen symboliek en betekenis verbinden de gebouwen en functies. Dat kan telkens door of langs de tuin: binnen en buiten lopen ongemerkt over in elkaar.

De woonkwaliteit werd gevoelig opgedreven en voor de zorgbehoevende leden van de kloostergemeenschap, een groeiende groep, is een nieuwe vleugel met aangepaste kamers opgetrokken. Door de soberheid van de toevoegingen en de geraffineerde verwerking van details komen oud en nieuw tot ongedwongen symbiose. Ook hier weer is de lichtinval in de gang overvloedig en de uitkijk op de grote binnentuin rustgevend.

De voormalige bouwvleugel rond de binnentuin werd afgebroken en de nieuwe vleugel werd bijgebouwd met oog op juiste proportie met het bestaand gebouw.

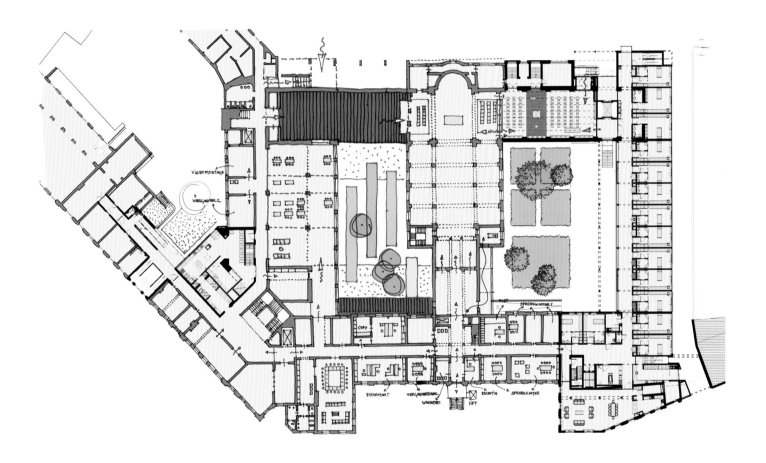

The enclosed convent building has become a house

where light and life filter in.

A house where life is fully lived.

There is a lovely respect shown for existing architecture

that harmonises with modern needs

and this is appreciated by both occupants and outsiders

and arouses real admiration.

In short, the main building is a home

where we as sisters continue to work on improving the quality of life.

A place where it is good to live, pray and work together.

sister Lieve Vervoort - Convent Van Betlehem

Het besloten kloostergebouw is een huis geworden

waar licht en leven binnensijpelt.

Een huis waarin volop geleefd wordt.

Respect voor de bestaande architectuur

in harmonie met een moderne aanpassing is zeer mooi

en wordt zowel door bewoners als door buitenstaanders

gewaardeerd en bewonderd.

Kortom, het hoofdgebouw is een huis

waar wij als zusters blijven werken aan kwaliteit van leven.

Een plek waar het goed is om samen te leven, te bidden en te werken.

zuster Lieve Vervoort - Convent Van Betlehem

SOCIALE WONINGEN / SOCIAL HOUSING

Rozenwijk – project zone B, Tielen
2012-

The 'Rozenhof' project in Tielen is part of a master plan for the revitalisation and further development of an existing neighbourhood of 64 houses, realised in 1964 by the architect Paul Neefs (1933-2009). However, the poor condition of a large number of the homes led to the decision to demolish these buildings.

Jef Van Oevelen uses three different groups of buildings to interpret his vision of social housing, of flexibility and of durability. There is a strong focus on the public and semi-public zones between the three groups of duplex apartments. Playgrounds, alleys and shortcuts demonstrate the importance that Jef Van Oevelen confers on empty spaces. For every square metre, there is consideration for how it can contribute to community living without compromising privacy.

Where existing homes have an east-west orientation, Jef Van Oevelen oriented the dwellings north-south with the reception rooms facing south. All ground-floor homes have compact, private gardens. Wide canopies over the carports allow residents a sheltered entrance. The buildings were designed with a width of 6 metres and with a logical and therefore flexible structure that resulted in an affordable and durable building process.

Het project 'Rozenhof' in Tielen maakt deel uit van een masterplan voor de herwaardering en verdere ontwikkeling van een reeds bestaande wijk met 64 woningen, in 1964 gerealiseerd door architect Paul Neefs (1933-2009). Door de slechte technische toestand van een groot deel van de woningen werd besloten deze af te breken.

Jef Van Oevelen vertaalt zijn visie over sociaal wonen, flexibiliteit en duurzaamheid in drie verschillende groepen woningen. Er wordt veel aandacht gegeven aan de publieke en semipublieke zones tussen de drie groepen duplex appartementen. Speelpleinen, wandelsteegjes en doorsteken tonen het belang dat Jef Van Oevelen geeft aan de architectuur van de tussenruimten. Voor elke vierkante meter wordt afgewogen hoe deze kan meewerken aan het samenwonen waarbij ook de privacy van het wonen zelf niet uit het oog verloren wordt.

Daar waar de bestaande woningen een oost-west oriëntatie hebben, heeft Jef Van Oevelen de woningen noord-zuid georiënteerd met de leefruimtes op het zuiden. Alle woningen op de begane grond hebben private en compacte privétuintjes. Door de ruime luifel van de carports kan men ook beschut binnen komen. De woningen werden ontworpen op een breedte van 6 meter met een logische en daardoor flexibele structuur wat resulteert in een betaalbaar en duurzaam bouwproces.

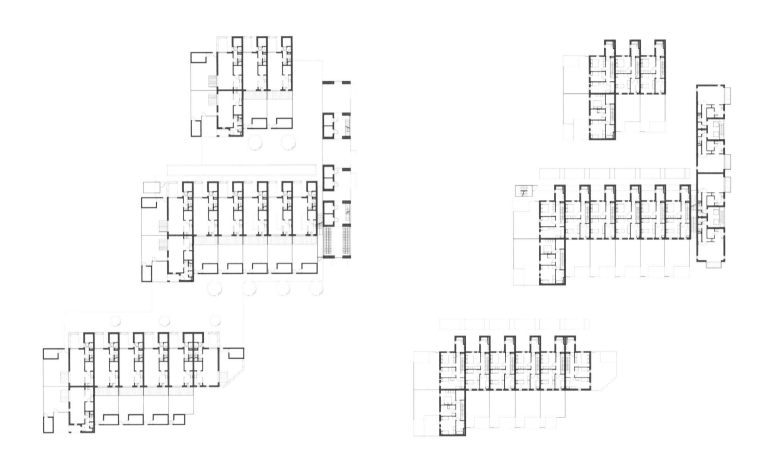

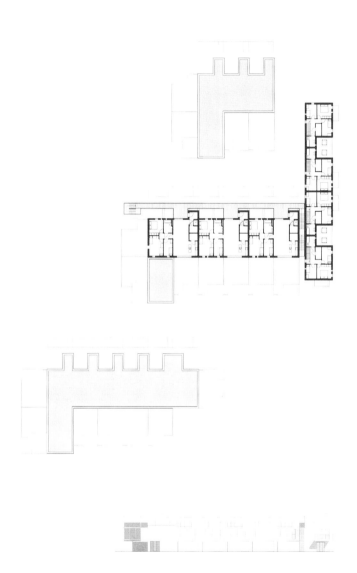

BIOGRAPHY

Jef Van Oevelen is a Belgian architect who was born in Essen in 1955.

He finishes his studies at the former National Higher Institute for Architecture and Urbanism (Nationaal Hoger Instituut voor Bouwkunst en Stedenbouw), Antwerp, in 1979, where he meets the architect and lecturer Georges Baines for the first time.

His training with this illustrious teacher is the start of a long period of collaboration.

During this time, Van Oevelen also works on his own projects as an independent architect, with small-scale renovations and the design of a large number of private homes. By participating in various competitions, Van Oevelen gains an in-depth understanding of, and familiarity with, large-scale projects. This leads to commissions to build schools, office buildings, libraries, cultural centres and especially (social) housing projects.

Jef Van Oevelen teaches architectural subjects and urban planning at the Henri Van de Velde Institute in Antwerp from 1986 to 2009 (now the Design Sciences faculty of the University of Antwerp).

From 1986 onwards, he gradually expands his architecture agency. Today, there is a team of 18 independent architects, 3 independent interior designers, 2 graphic designers and 1 administrative assistant, that tackles many different areas of architecture.

BIOGRAFIE

Jef Van Oevelen is een Belgisch architect geboren in 1955 te Essen. Hij studeert in 1979 af aan het toenmalig Nationaal Hoger Instituut voor Bouwkunst en Stedenbouw te Antwerpen, waar hij voor het eerst in contact komt met docent architectuur Georges Baines.

Zijn stage bij deze grootste leermeester Georges Baines is de voorloper van een lange periode van samenwerking.

Tegelijkertijd werkt Jef Van Oevelen als zelfstandig architect aan een persoonlijk oeuvre, met kleine verbouwingen en een groot aantal privéwoningen. Door deelname aan verschillende wedstrijden ontwikkelt zich onderzoek naar en vertrouwdheid met de grotere schaal. Dit resulteert vandaag in opdrachten zoals scholen, bedrijfsgebouwen, bibliotheken, cultuurcentra en vooral (sociale) woningprojecten. Jef Van Oevelen doceert architectuurontwerpen en stedenbouw aan het Henri Van de Velde Instituut te Antwerpen van 1986 tot 2009 (nu faculteit Ontwerpwetenschappen van de Universiteit Antwerpen).

Vanaf 1986 breidt Jef Van Oevelen het eigen architectenbureau geleidelijk aan uit. Heden wordt er gewerkt met een ploeg van 18 zelfstandige architecten, 3 zelfstandige interieurarchitecten, 2 grafisch vormgevers en 1 administratieve kracht, en is het actief in verschillende sectoren van de architectuur.

CATALOGUE

1980
Woning VO | Kalmthout
House VO | Kalmthout

1981
Architektenburo Jef Van
Oevelen | Ekeren
Jef Van Oevelen Architect
Offices | Ekeren

1981
Wish 81 | Antwerpen
Wish 81 | Antwerpen

1981
Woning V | Kalmthout
House V | Kalmthout

1982
Woning C | Ekeren
House C | Ekeren

1983
Vakantiewoning | Felenne
Holiday house | Felenne

1984
Woning T | Ekeren
House T | Ekeren

1985
Renovatie
Appartementen V | Schoten
Renovation
Apartments V | Schoten

1985
Wedstrijd: Woonwijk 240 woningen,
Kazerne Rolin | Etterbeek
Competition: Residential housing project
of 240 units, Barrack Rolin | Etterbeek

1986
Woning S | Kapellen
House S | Kapellen

1987
Woning VG | Schoten
House VG | Schoten

1987
Notariaat VR en
4 appartementen | Ekeren
Notary VR and 4 apartments | Ekeren

CATALOGUS

1987
Verbouwing: Winkel met
appartement Benito | Ekeren
Refurbishment: Shop and
apartment Benito | Ekeren

1988
Woning F | Kalmthout
House F | Kalmthout

1987
Woning R | Schoten
House R | Schoten

1988
Woning B | Kalmthout
House B | Kalmthout

1988
3 appartementen VR | Ekeren
3 apartments VR | Ekeren

1988
Woning VM | Kapellen
House VM | Kapellen

1988
6 appartementen VL | Ekeren
6 apartments VL | Ekeren

1989
Wedstrijd
European Patent Office | Den Haag, NL
Competition
European patent office | The Hague, NL

1988
3 appartementen E | Kalmthout
3 apartments E | Kalmthout

1989
Woning en advocatenkantoor M |
Wijnegem
House and sollicitor's
office M | Wijnegem

1988
Bankfiliaal BACOB en appartementen |
Sint-Katelijne-Waver
BACOB bank branch office and
apartments | Sint-Katelijne-Waver

1989
Woning S | Ekeren
House S | Ekeren

1989
Woning R | Schoten
House R | Schoten

1990
Wedstrijd: Provinciaal Instituut
voor Milieu Educatie | Lier
Competition: Environmental education
project provincial institute | Lier

1990
Restauratie
Appartementen A | Antwerpen
Restoration
Apartments A | Antwerpen

1990
Woning VO | Kalmthout
House VO | Kalmthout

1990
Bankfiliaal BACOB | Aartselaar
BACOB bank branch office | Aartselaar

1990
Woning en kantoor VO | Kalmthout
House and office VO | Kalmthout

1990
IMAC kantoorgebouw en
winkel | Ekeren
IMAC office building and shop | Ekeren

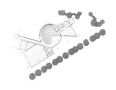

1990
Woning L | Kapellen
House L | Kapellen

1990
Verbouwing
Winkel Veritas | Sint-Niklaas
Refurbishment
Veritas shop | Sint-Niklaas

1990
Woning V | Temse
House V | Temse

1990
Wedstrijd
Centrumproject | Brasschaat
Competition
Centrum Project | Brasschaat

1991
Verbouwing
woning G | Kalmthout
Refurbishment
House G | Kalmthout

1990
Kooiman De Brand | Geertruidenberg, NL
ism architect Wouters-Mostien
Kooiman De Brand | Geertruidenberg, NL
in collaboration with architect
Wouters-Mostien

1991
Woning C en tandartspraktijk |
Bredene
House C and dentist's office | Bredene

1992
Appartementen M | Sint-Gillis-Waas
Apartments M | Sint-Gillis-Waas

1992
Woning J | Hove
House J | Hove

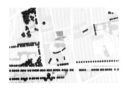

1992
Technische school PITO | Stabroek
Conciërgewoning
Technical school PITO | Stabroek
Caretaker's home

1992
Woning VDB | Ekeren
House VDB | Ekeren

1992
Wedstrijd: Stedenbouwkundige studie
Dorpskern | Buggenhout
Competition: Urban planning (study)
City centre | Buggenhout

1993
Appartementen T | Ekeren
Apartments T | Ekeren

1992
Verbouwing: 8 appartementen
Onze Woning | Antwerpen
Refurbishment: 8 apartments
Onze Woning | Antwerpen

1993
Bankfiliaal BACOB | Mechelen
BACOB bank branch office | Mechelen

1992
Verbouwing
Woning met zwembad S | Ekeren
Refurbishment
House with pool S | Ekeren

1993
Tandartsenpraktijk en
studio | Brasschaat
Dentist's office and studio | Brasschaat

1992
Wedstrijd
Hotel | Antwerpen
Competition
Hotel | Antwerpen

1993
Woning F | Kalmthout
House F | Kalmthout

1992
Woning H | Berchem
House H | Berchem

1993
Woning K | Kapellen
House K | Kapellen

1993
Woning VB | Ekeren
House VB | Ekeren

1995
Woning R | Sint-Niklaas
House R | Sint-Niklaas

1993
verbouwing
Woning I | Ekeren
Refurbishment
House I | Ekeren

1995
Verbouwing
Woning VH | Berchem
Refurbishment
House VH | Berchem

1994
Wedstrijd
Gewestgebouw Belgacom | Hasselt
Competition
Belgacom building | Hasselt

1996
Wedstrijd
Gemeenteschool | Eppegem
Competition
Community school | Eppegem

1994
Woning A | Kapellen
House A | Kapellen

1996
Medisch pedagogisch
kinderdagverblijf Merlijn | Deurne
Medical pedagogical childcare
centre Merlijn | Deurne

1995
Tandartspraktijk en woning W | Ekeren
Dentist's office and house W | Ekeren

1997
Wedstrijd
Administratief centrum | Mechelen
Competition
Administrative centre | Mechelen

1995
Technische school PITO | Stabroek Sporthal
ism architect Georges Baines
Technical school PITO | Stabroek Sports hall
in collaboration with architect Georges Baines

1997
Wedstrijd
Politiekantoor | Lier
Competition
Police office | Lier

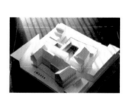

1995
Woning DW | Deurne
House DW | Deurne

1997
Woning en kantoor M | Ekeren
House and office M | Ekeren

1997
Medische post Rode Kruis | Antwerpen
Red Cross post | Antwerpen

1997
Verbouwing
Instituut DAMES | Antwerpen
Refurbishment
Institute DAMES | Antwerpen

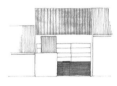

1997
Wedstrijd
Mercedes garage | Mechelen
Competition
Mercedes garage | Mechelen

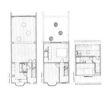

1997
Woning M | Ekeren
House M | Ekeren

1998
Woning DJ | Ekeren
House DJ | Ekeren

1998
Dokterspraktijk en appartementen
Vama | Mechelen
Doctor's office and apartments
Vama | Mechelen

1998
Technische school PITO | Stabroek
Ateliers
Technical school PITO | Stabroek
Workshops

1998
Verbouwing
Loft K | Antwerpen
Renovation
Loft K | Antwerpen

1998
Woning A | Wommelgem
House A | Wommelgem

1998
Woning C | Grobbendonk
House C | Grobbendonk

1998
Verbouwing
Woning V | Kapellen
Renovation
House V | Kapellen

1999
Fontein | Edegem
Fountain | Edegem

1999
Openbare bibliotheek | Zemst
Public library | Zemst

1999
Sint-Michielscollege | Brasschaat
Luifel
Sint-Michiels College | Brasschaat
Awning

1999
Sint-Michielscollege | Brasschaat
Sporthal lagere school
Sint-Michiels College | Brasschaat
Sports hall elementary school

2000
Kantoor en appartement
VW | Brasschaat
Office and apartment VW | Brasschaat

1999
Sint-Michielscollege | Brasschaat
Stille ruimte
Sint-Michiels College | Brasschaat
Quiet space

2000
Technische school PITO | Stabroek
Nijverheidsklassen
Technical school PITO | Stabroek
Classrooms domestic sciences

1999
Woning S | Kapellen
House S | Kapellen

2000
Technische school Pito | Stabroek
Ateliers en speelplaats
Technical school PITO | Stabroek
Workshops and playgrounds

1999
Woning V | Ekeren
House V | Ekeren

2000
Verbouwing
Woning en apotheek P | Ekeren
Refurbishment
House and apothecary P | Ekeren

1999
Woning VD | Zoersel
House VD | Zoersel

2000
Wedstrijd
Socio-cultuur centrum | Ekeren
Competition
Sociocultural centre | Ekeren

1999
Wedstrijd
Appartementen | Temse
Competition
Apartments | Temse

2000
Woning B | Schoten
House B | Schoten

2000
Dokterspraktijk en woning V | Merksem
Doctor's office and house V | Merksem

2000
Woning en praktijk P | Deurne
House and practice P | Deurne

2001
Renovatie en uitbreiding
Klooster Covabe | Duffel
Renovation and extension
Monastery Covabe | Duffel

2001
Kantoor en kliniek A | Antwerpen
Office and clinic A | Antwerpen

2001
Openluchtschool Sint-Ludgardis | Schilde
Sanitair
Open air school Sint Ludgardis | Schilde
Sanitary spaces

2001
Renovatie
KBC kantoor VO | Kalmthout
Renovation
KBC bank office VO | Kalmthout

2001
Technische school GITOK | Kalmthout
Technical school GITOK | Kalmthout

2001
Verbouwing
Appartement I | Antwerpen
Refurbishment
Apartment I | Antwerpen

2001
Verbouwing
Woning VM | Ekeren
Refurbishment
House VM | Ekeren

2001
Woning H | Deurne
House H | Deurne

2002
4 appartementen
immo Mariahoeve | Ekeren
4 apartments real estate agency
Mariahoeve | Ekeren

2002
Garage Meeusen | Kalmthout
Garage Meeusen | Kalmthout

2002
Kantoorgebouw GET | Malle
Office building GET | Malle

2002
Openluchtschool Sint-Ludgardis | Schoten
Kleuterklassen
Open air school Sint-Ludgardis | Schoten
Kindergarten classrooms

2002
Rust- en zorgcentrum Sint-Vincentius |
Kalmthout
Nursing home Sint-Vincentius |
Kalmthout

2002
Restauratie
Woning O | Mortsel
Restoration
House O | Mortsel

2002
Verbouwing
Woning S | Schilde
Refurbishment
House S | Schilde

2003
Verbouwing
Woning D | Ekeren
Refurbishment
House D | Ekeren

2002
Wedstrijd
Bibliotheek en cultuurcentrum | Beveren
Competition
Library and cultural centre | Beveren

2003
Verbouwing
Woning V | Ekeren
Refurbishment
House V | Ekeren

2002
Woning T | Schoten
House T | Schoten

2003
Woning VG | Ekeren
House VG | Ekeren

2003
Antwerp Gateway
Administrative building
Antwerp Gateway
Administrative building

2004
2 appartementen K | Ekeren
2 apartments K | Ekeren

2003
Antwerp Gateway
Drivers dispatch
Antwerp Gateway
Drivers dispatch

2004
5 sociale woningen DIW | Kapellen
5 social housing units DIW | Kapellen

2003
Magazijn Glashandel Danny
Lauryssens nv | Ekeren
Warehouse Glazier's shop Danny
Lauryssens nv | Ekeren

2004
6 ADL woningen en
8 duplexappartementen DIW | Berchem
6 ADL houses en 8 duplex
apartments DIW | Berchem

2003
Restauratie en uitbreiding
Patio Donk | Ekeren
Restoration and extension
Patio Donk | Ekeren

2004
27 wooneenheden | Elewijt
27 housing units | Elewijt

2004

74 sociale wooneenheden DIW | Malle

74 social housing unitsDIW | Malle

2004

Woning | Mexico

House | Mexico

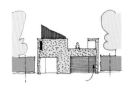

2004

Verbouwing

Appartement ML | Ekeren

Refurbishment

Apartment ML | Ekeren

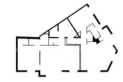

2004

EVA centrum | Antwerpen

EVA centre | Antwerpen

2004

Glashandel Danny Lauryssens nv | Ekeren

Kantoren en showroom

Glazier's shop Danny Lauryssens nv | Ekeren

Offices and showroom

2005

2 appartementen

immo Mariahoeve | Ekeren

2 apartments real estate

agency Mariahoeve | Ekeren

2004

Residentieel begeleidingstehuis voor

bijzondere jeugdzorg Bethanie | Schoten

Residential housing youth welfare

services Bethanie | Schoten

2005

2 appartementen

immo Mariahoeve | Ekeren

2 apartments real estate

agency Mariahoeve | Ekeren

2004

Verbouwing

Woning I | Ekeren

Refurbishment

House I | Ekeren

2005

3 appartementen

immo Mariahoeve | Ekeren

3 apartments real estate

agency Mariahoeve | Ekeren

2004

Woning C | Kessel

House C | Kessel

2005

3 woningen en 3 appartementen

VR | Ekeren

3 houses and 3 apartments

VR | Ekeren

2004

Technische school Pito | Stabroek

Klassenvleugel

Technical school PITO | Stabroek

Classroom wing

2005

42 sociale wooneenheden | Schoten

42 social housing units | Schoten

2005
Antwerp Gateway
Workshop
Antwerp Gateway
Workshop

2005
Woning M | Kalmthout
House M | Kalmthout

2005
Auxilia | Antwerpen
Auxilia | Antwerpen

2006
15 appartementen
immo Mariahoeve | Ekeren
15 apartments real estate
agency Mariahoeve | Ekeren

2005
Technische school PITO | Stabroek
Luifel R blok
Technical school PITO | Stabroek
Awning block R

2006
54 assistentiewoningen en
dagverzorgingscentrum De Peerle | Duffel
54 assisted living residences and
care centre De Peerle | Duffel

2005
Verbouwing
Woning S | Ekeren
Refurbishment
House S | Ekeren

2006
Kantoor en schaftlokaal
CEPA | Antwerpen
Office and refectory CEPA | Antwerpen

2005
Wedstrijd
Kantoorgebouw A | Antwerpen
Competition
Office Building A | Antwerpen

2006
Kantoorgebouw DIVO | Kalmthout
DIVO office building | Kalmthout

2005
Wedstrijd
Wooneenheden | Opwijk
Competition
Housing units | Opwijk

2006
Open oproep
VDAB | Antwerpen
Public/open project
VDAB | Antwerpen

2005
Commerciële ruimtes en
appartementen | Kapellen
Commercial spaces and
apartments | Kapellen

2006
Openluchtschool Sint-Ludgardis | Brasschaat
Bibliotheek
Open air school | Brasschaat
Library

2006
Technische school PITO | Stabroek
Hoofdgebouw
Technical school PITO | Stabroek
Main building

2007
Bijzonder jeugdzorg Van
Celst | Hoboken
Youth welfare services
Van Celst | Hoboken

2006
Technische school PITO | Stabroek
Serre
Technical school PITO | Stabroek
Greenhouse

2007
3 wooneenheden | Westmalle
3 housing units | Westmalle

2006
Verbouwing van klooster tot
schoolgebouw | Duffel
Reconversion. Monastery to
school building | Duffel

2007
7 appartementen | Borgerhout
7 apartments | Borgerhout

2006
Wedstrijd
Schoolgebouw Coloma | Mechelen
Competition
School building Coloma | Mechelen

2007
8 appartementen H | Antwerpen
8 apartments H | Antwerpen

2006
Wedstrijd: woningen en commerciële
ruimtes | Minderhout
Competition: Houses and
commercial spaces | Minderhout

2007
19 lage energiewoningen Vlabo te | Niel
19 low-energy houses VLABO | Niel

2006
Uitbreiding
Woning VO | Kalmthout
Extension
House VO | Kalmthout

2007
Antwerp Gateway
Gates complex
Antwerp Gateway
Gates complex

2006
Wooneenheden | Berchem
Housing units | Berchem

2007
Kangoeroewoning | Haaltert
Duplex house | Haaltert

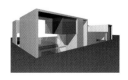

2007
Kantoor en 2 appartementen W | Kapellen
ism architect Van Ginneken
Office and 2 apartments W | Kapellen
in collaboration with architect Van Ginneken

2007
Wedstrijd
Gemeentehuis | Beveren
Competition
Town hall | Beveren

2007
RVT Hof van Arenberg | Duffel
Nursing home Hof van Arenberg |
Duffel

2007
Wedstrijd
Politiekantoor | Ranst
Competition
Police office | Ranst

2007
Studie binnengebied M | Antwerpen
Study interior area M | Antwerpen

2007
Wedstrijd
Studie Antwerpen Dam
Competition
Study Antwerpen Dam

2007
Tuinpaviljoen | Schoten
Garden pavilion | Schoten

2007
Woning A | Ranst
House A | Ranst

2007
Verbouwing
Sint-Lambertuskapel | Ekeren
Refurbishment
Sint-Lambertus chapel | Ekeren

2007
Woning VG | Dworp
House VG | Dworp

2007
Verbouwing
Woning P | Ekeren
Refurbishment
House P | Ekeren

2007
Wedstrijd
Appartementen | Antwerpen
Competition
Apartments | Antwerpen

2007
Wedstrijd
Denderrust | Herdersem
Competition
Denderrust | Herdersem

2008
Antwerp Gateway
Operations room
Antwerp Gateway
Operations room

2008
Wedstrijd: Lagere school met
woningen | Brasschaat
Competition: Primary school and
living accomodation | Brasschaat

2008
Showroom en kantoren
Vimmo | Wijnegem
Showroom and offices
Vimmo | Wijnegem

2008
Openluchtschool Sint-Ludgardis | Brasschaat
Klassen
Open air school Sint-Ludgardis | Brasschaat
Classrooms

2008
Verbouwing
Studentenhuisvesting | Antwerpen
Refurbishment
Student housing | Antwerpen

2008
Openluchtschool Sint-Ludgardis | Schilde
Klassen
Open air school Sint-Ludgardis | Schilde
Classrooms

2008
Wedstrijd
Gildenhuis | Beveren
Competition
Gildenhuis | Beveren

2008
Openluchtschool Sint-Ludgardis | Schoten
Klassen en turnzaal
Open air school Sint-Ludgardis | Schoten
Classrooms and gymnasium

2008
Wedstrijd
Sporthal | Lochristi
Competition
Sports hall | Lochristi

2008
Opslagruimte met kantoor en
conciërgewoning D | Waasmunster
Storage room, office and caretaker's
home D | Waasmunster

2008
Wedstrijd: Woningen en
appartementen | Antwerpen
Competition: Houses and
apartments | Antwerpen

2008
Renovatie appartementen
DIW | Deurne
Renovation
Apartments DIW | Deurne

2008
Verbouwing en nieuwbouwwoningen
Woning J | Ekeren
Refurbishment and new housingdevelopment
House J | Ekeren

2008
Renovatie
Woning C | Ekeren
Renovation
House C | Ekeren

2008
Wedstrijd: 12 patiowoningen,
5 rijwoningen, herbestemming klooster | Meer
Competition: 12 patio houses,
5 terraced houses, monastery conversion | Meer

2008
Woning F | Hoogstraten
House F | Hoogstraten

2009
Wedstrijd
Expositieruimte | Beveren
Competition
Exposition space | Beveren

2008
Wedstrijd: Appartementen en
openbare diensten | Boom
Competition: Apartments and
public services | Boom

2009
Wedstrijd: Politiekantoor, commerciële
diensten en appartementen | Ekeren
Competition: Police office, commercial
service spaces and apartments | Ekeren

2009
Logistiek centrum medische materialen | Antwerpen
ism. architect Bart Janssens
Logistics centre for medical equipment | Antwerpen
in collaboration with architect Bart Janssens

2009
Wedstrijd
PPS Dungelhoef | Lier
Competition
PPS Dungelhoef | Lier

2009
Kinderdagverblijf, kind en gezin, regiohuis,
administratieve diensten | Brasschaat
Childcare centre, Kind en Gezin, regional
house, administrative services | Brasschaat

2009
Wedstrijd
Sociale woningen | Ranst
Competition
Social housing project | Ranst

2009
Renovatie
Tuincentrum Aveve | Kalmthout
Renovation
Garden centre Aveve | Kalmthout

2009
Woning R | Kruibeke
House R | Kruibeke

2009
Renovatie
Woning | Antwerpen
Renovation
House | Antwerpen

2010
20 appartementen en commerciële
ruimten DIW | Schoten
20 apartments and commercial
spaces DIW | Schoten

2009
Sint-Michielscollege | Brasschaat
Administratief gebouw
Sint-Michiels College | Brasschaat
Administrative building

2010
40 sociale woningen A | Schoten
40 social housing units A | Schoten

2010

50 sociale wooneenheden H | Turnhout

50 social housing units H | Turnhout

2010

Technische school KTA |
Heist-op-den-berg

Technical school KTA |
Heist-op-den-berg

2010

Het Huis neutrale bezoekruimte |
Antwerpen

Visiting space Het Huis | Antwerpen

2010

Sociale wooneenheden | Mechelen en
Sint-Katelijne-Waver

Social housing development |
Mechelen and Sint-Katelijne-Waver

2010

Openluchtschool Sint-Ludgardis | Schilde
Kleuterklassen

Open air school Sint-Ludgardis | Schilde
Kindergarten classrooms

2010

Verbouwing
Woning VO | Hove

Refurbishment
House VO | Hove

2010

Centrumontwikkeling
De Notelaar | Malle

Development project
De Notelaar | Malle

2010

Verbouwing
Woning W | Ekeren

Refurbishment
House W | Ekeren

2010

Renovatie
Appartement H | Borgerhout

Renovation
Apartment H | Borgerhout

2010

Wedstrijd
Basisschool Spreeuwen | Mechelen

Competition
Primary school Spreeuwen | Mechelen

2010

Renovatie
Woning H | Antwerpen

Renovationw
House H | Antwerpen

2010

Wedstrijd
Brandweerkazerne | Beveren

Competition
Fire station | Beveren

2010

Renovatie
Woning V | Ekeren

Renovation
House V | Ekeren

2010

Woning H | Ekeren

House H | Ekeren

2012
Wedstrijd
38 sociale wooneenheden | Schelle
Competition
38 social housing units | Schelle

2013
Openluchtschool Sint-Ludgardis | Brasschaat
Conciërgewoning
Open air school Sint-Ludgardis | Brasschaat
Caretaker's house

2012
Wedstrijd: Kleuterschool en
26 wooneenheden | Erembodegem
Competition: Kindergarten and
26 housing units | Erembodegem

2013
Renovatie
Schoolgebouw | Antwerpen
Renovation
School building | Antwerpen

2012
Renovatie
Woning VO | Kalmthout
Renovation
House VO | Kalmthout

2013
Renovatie
Woning B | Ekeren
Renovation
House B | Ekeren

2012
Woning M | Kapellen
House M | Kapellen

2013
Wedstrijd
12 sociale wooneenheden | Turnhout
Competition
12 social housing units | Turnhout

2012
Verbouwing
MissionarissenHH | Borgerhout
Refurbishment
Missionaries HH | Borgerhout

2014
24 appartementen | Ekeren
24 apartments | Ekeren

2013
3 appartementen
Vista Projects | Ekeren
3 apartments Vista Projects | Ekeren

2014
Horeca | Achterbroek
Hotel and catering business |
Achterbroek

2013
12 appartementen | Ekeren
12 apartments | Ekeren

2014
Kantoorgebouw met medisch opleidingscentrum,
medische onderzoeksruimte | Herentals
Office building, medical training centre and
medical examination spaces | Herentals

2014
Renovatie
Schoolgebouw | Borgerhout
Renovation
School | Borgerhout

2014
Kloostergebouw | Duffel
Monastery | Duffel

2014
Wedstrijd: Zorgwonen en
sociale wooneenheden | Mol
Competition: Accompanied living
and social housing units | Mol

2014
Stedenbouwkundige studie | Hoboken
City plannig study | Hoboken

2014
Verbouwing
School | Antwerpen
Refurbishment
School | Antwerpen

2014
Wedstrijd: 20 sociale
appartementen | Liezele
Competition: 20 apartments
for social housing | Liezele

2014
Wedstrijd
14 wooneenheden | Hove
Competition
14 housing units | Hove

WITH THANKS

Medewerkers doorheen de jaren /
To colleagues through the years

Ardies Jo
Arnouts Nele
Bellens Carl
Bernaerts Ellen
Buelens Luc
Boden Joris
Boogaerts Jan
Bourgeois Joris
Bultinck Ellen
Cetina Ana
Cloetens Jan
Daelemans Sara
De Backer Koen
De Langhe Koen
De Man Johan
De Roeck Nico
Delvaux Veerle
Denissen Jan
Feyaerts Joël
Goffin Kris
Gommans Eric
Goos Ties
Greco Anna
Heylen Sarah
Heyvaert Hilde
Jacobs Filip
Janssens Bart
Lefevre Bart
Lenie Eric
Mariën Seppe
Matthijsen Gilles
Mertens Tom
Mostien Peter
Moyson Frank
Okano Kei
Pasmans Jeroen
Pauwels Ursula
Praet Johan
Reygaerts Saskia
Sneyers Jeroen
Sun Zhimin

Taeymans Jeroen
Theuns Karin
Van Asch Thomas
Van Bellingen Dieter
Van de Mosselaer Karlien
Van den Bogaert Tine
Van Den Brande Joram
Van Genechten Myriam
Van Hasselt Karolien
Van Herle Inne
Van Laethem Bart
Van Loon Isabel
Van Oevelen Age
Van Oevelen Jef
Van Oevelen Lke
Van Rossum Britta
Verlinden Yvette
Verryckt Eline
Vierin Elisabeth
Wai Cheung Selina
Waterkeyn Julien
Wens Kathleen
Wolters van der Wey Marleen

Uitgeverij /
Publisher

Karel Puype
Jaak Van Damme

Stichting Kunstboek
Legeweg 165
B-8020 Oostkamp | Brugge
West-Vlaanderen
T. +32 (0)50 46 19 10
F. +32 (0)50 46 19 18
E. info@stichtingkunstboek.com
www.stichtingkunstboek.com

MET DANK AAN

Auteurs /
Authors

Georges Goffin, kunsthistoricus
Nel Lernout, architect
Jo Van Bouwel, architect, ere-directeur 'Academie Noord'
Brasschaat, Essen, Schilde, Stabroek en Wuustwezel

Als architectuurliefhebbers vormen zij sinds 1993 de vaste kern van het schrijverscollectief 'Modern Bouwen'.
Studies, publicaties en tentoonstellingen zijn het instrumentarium waarmee zij hun enthousiasme voor de ongekende of miskende kwaliteit in de gebouwde omgeving delen. Hun aandacht voor de minder gerenommeerde en dikwijls bedreigde parels van het Vlaamse bouwen resulteert in een groeiende belangstelling en gepaste beschermings- en conservatiemaatregelen.

Studies – publicaties – tentoonstellingen

1993 'Modern Bouwen in Brasschaat 1920-1940'
Roularta Books, Zellik.
1996 'Modern Bouwen in Deurne 1920-1940'
Roularta Books, Zellik.
1998 ' Modern Bouwen in Mortsel 1920-1940'
Roularta Books, Zellik
1998 Selectiecomité 'Bibliotheken bouwen in Vlaanderen' voor de Vlaamse Vereniging voor Bibliotheek-, Archief- en Documentatiewezen Antwerpen.
2005 'Modern Bouwen in Brasschaat 1945-1975'
Roularta Books, Roeselare.
2006-2008 Studie over Dom Constantinus Bosschaerts (1889-1950), visionair (gesubsidieerd door de Vlaamse Gemeenschap, Kunsten en erfgoed).
modernbouwen.blogspot.be
2008 'Modern Bouwen in Brasschaat 1920-1940' (herwerkte uitgave), Pandora, Antwerpen.
2011 'Kunstenaarswoningen uit het Interbellum'
Gemeentebestuur Schilde.

In voorbereiding: Jean-Jacques Jacobs, architect (1909-1991). In samenwerking met het Architectuurarchief van de Provincie Antwerpen.

Georges Goffin, art historian
Nel Lernout, architect
Jo Van Bouwel, architect, honorary director 'Academie Noord'
Brasschaat, Essen, Schilde, Stabroek and Wuustwezel

As architecture enthusiasts, they have formed the core of the writers' collective Modern Bouwen (Modern Building) since 1993. Studies, publications and exhibitions are the instruments they use to share their love of unrecognised or underrated buildings in their region. Their focus on the less well-known and often threatened gems of Flemish architecture has resulted in a growing interest in the protection of these monuments and to the appropriate conservation measures being taken.

Studies – publications – exhibitions

1993. 'Modern Bouwen in Brasschaat 1920-1940'
Roularta Books, Zellik.
1996 'Modern Bouwen in Deurne 1920-1940'
Roularta Books, Zellik.
1998 ' Modern Bouwen in Mortsel 1920-1940'
Roularta Books, Zellik
1998 Selection committee 'Build libraries in Flanders' for the Flemish Association of Libraries, Archives and Documentation, Antwerp.
2005 'Modern Bouwen in Brasschaat 1945-1975'
Roularta Books, Roeselare.
2006-2008 Study on Dom Constantinus Bosschaerts (1889-1950), visionary (subsidised by the Flemish Community, Arts and Heritage).
modernbouwen.blogspot.be
2008. 'Modern Bouwen in Brasschaat 1920-1940' (revised edition), Pandora, Antwerp.
2011 'Kunstenaarswoningen uit het Interbellum', Schilde town council .

In the preparatory stage: Jean-Jacques Jacobs, architect (1909-1991). In partnership with the Architectural Archives of the Province of Antwerp.

COLOPHON

Architect
Jef Van Oevelen

Auteurs / Authors
Georges Goffin
Nel Lernout
Jo Van Bouwel

Eindredactie / Final editing
Katrien Van Moerbeke
Karel Puype

Engelse vertaling / English Translation
Heidi Steffes (Rescribist Translations)

Schetsen / Sketches
Jef Van Oevelen

3D simulaties / 3D simulations
Joël Feyaerts

Beeldcorrectie / Image editing
Kei Okano
Karlien Van de Mosselaer

Vormgeving / Layout
www.Lke.be
www.groupvandamme.eu

Fotografie / Photography
www.Lke.be
www.jefvanoevelen.be

Gedrukt door / Printed by
www.pureprint.be

Uitgegeven door / Published by
Stichting Kunstboek
Legeweg 165
B-8020 Oostkamp
www.stichtingkunstboek.com

COLOFON

ISBN: 978-90-5856-490-0
D/2014/6407/18
NUR: 648